Die Sammlung

Was uns rettet, ist selten das, was wir erwarten.

Eine Art Chaos: Gedichte 2017–2026 bewegt sich in den fantastischen Träumen des Verlangens. Diese Gedichte erforschen die Momente, in denen Dunkelheit auf Zweifel trifft, in denen Ehrgeiz in Verbannung umschlägt und in denen Anerkennung sich zugleich notwendig und giftig anfühlt. Sie sprechen zu allen, die mit dem gewöhnlichen Leben unzufrieden sind; zu denen, die große Liebe erlebt, zu oft versagt oder zu hell gebrannt haben, um sich jemals anpassen zu können.

Diese Sammlung ist eine Untersuchung dessen, was es bedeutet, lebendig zu sein: chaotisch, zerbrechlich, wütend und frei.

Überschreite die Grenzen der Gefahr
und sieh, wie weit du kommst,
bevor du brav und langweilig wirst.

EINE ART CHAOS

GEDICHTE: 2017-2026

JOSEPH ADAM LEE

Red Fox Runs Press
New York, New York

RED FOX RUNS PRESS
909 3RD AVENUE
#127
NEW YORK, NEW YORK 10150

Ein Impressum von The Rebel Within

Copyright © 2026 by Joseph Adam Lee
Alle Rechte vorbehalten. Gedruckt in den Vereinigten Staaten von Amerika.

Dieses Buch oder Teile daraus dürfen in keiner Form reproduziert oder verwendet werden, es sei denn, dies geschieht mit ausdrücklicher schriftlicher Genehmigung, sowie im Rahmen kurzer Zitate in einer Buchrezension.

Erste Auflage: 2026

Hinweis des Verlags

Dies ist ein Werk der Fiktion. Namen, Figuren, Orte und Ereignisse sind entweder Produkte der Fantasie des Autors oder werden fiktiv verwendet. Ähnlichkeiten mit tatsächlichen Personen, lebenden oder verstorbenen, Unternehmen, Ereignissen oder Schauplätzen sind rein zufällig.

Der Verlag hat keinerlei Einfluss auf und übernimmt keine Verantwortung für Autoren- oder Drittanbieter-Websites oder deren Inhalte.

Danksagung
Cover- und Layout design: Eleni Rouketa
Übersetzer: Marcus Jungnickel

Kontaktinformationen
E-Mail: joe@therebelwithin.com
Webseite: www.josephadamlee.com
Instagram: @joseph.adam.lee

LLibrary of Congress - Katalogisierung in der Veröffentlichung
Lee, Joseph Adam. 1986-
Eine Art Chaos: Gedichte 2017–2026 / Joseph Adam Lee.

LCCN: 2025923671

ISBN: 978-1-946673-63-3 (Taschenbuch)
ISBN: 978-1-946673-65-7 (Gebundene Ausgabe)
ISBN: 978-1-946673-64-0 (E-Book)
ISBN: 978-1-946673-66-4 (Hörbuch)

Für Nick Hurwitz

Inhaltsverzeichnis

Eine Art Chaos

Neu zu denken heißt, zuzugeben,
dass du nicht der Erste warst.

Das Alibi aus schwarzer Spitze

Frauen geben sich
selbst keine Erlaubnis —
außer, wir geben ihnen Erlösung.
Ihr Alibi ist Trost —
das, was sie suchen.
Eine starke Kraft,
die ihnen ihr Vorrecht gibt,
im Heiligenschein der Privatsphäre.

Es ist ihre Tarnung,
ein Vorhang aus schwarzer Spitze,
gerade genug Licht,
um hinein- und hinauszugehen.

Die netten, braven Wege,
ordentlich und vorhersehbar,
sind die Mörder weiblicher Begierde.

Sie suchen nicht, was erwartet wird;
sie suchen, was erstaunen,
aufreißen oder sie wimmern lassen könnte.

Sie arbeiten hart daran, das nicht zu verraten.
Es ist das Geheimnis ihrer Sinne.

Da ist Lust in ihren Gedanken
und Logik in ihren Herzen.
Es ist ihnen egal, was du denkst —
solange du sie nicht dabei erwischst.

Frauen verhungern,
wenn alles langweilig wird,
warten auf den Schnitt —
ein Stück Haut, das darauf wartet, zu bluten.
Sie wollen Hitze, verdammt,
nicht irgendeinen eisigen Reiz.
Gib ihnen Erlösung.
Lass sie los.
Sieh ihnen zu, wie sie loslassen.

Und sag kein verdammtes Wort dabei.

Der Candy Man

Hypothesen entlarven die Idioten,
ihre Unfähigkeit, die Regeln zu lesen.

Stattdessen biegen sie sie zu ihrem Vorteil —
eine Anmeldung des Wahns,
ein Funke selbstgerechter Angst,
und selbst sie wissen,
dass es völlig falsch ist.

Sie erfinden Autorität,
um die Lücken zu füllen,
lächerlich und pedantisch,
aggressiv in der Ablehnung,
blind für Ideen, Menschen oder Qualität,
es sei denn, sie spiegelt ihre Zustände.

Dummheit macht sie klein,
und genau so mögen sie's.
Sie leben nach unvernünftiger Logik,
ohne Beine, ohne Wurzeln, ohne Halt.
Erfundene Lächerlichkeit,
um die Zeit totzuschlagen.

Und sie glauben es,
besonders dann, wenn Ruhm verteilt wird.
Sie reißen ihn an sich
wie Schokolade an Halloween,
die Gesichter verschmiert
im Schlamm des Triumphs.

Arschlöcher sehen ihre Gleichgültigkeit
wie eine braune Papiertüte,
zerfetzt von losen Behauptungen,
aufgerissen vom Verrat,
und zeichnen sich selbst als Narren.

Sie schauen nie auf den Mann,
der die Süßigkeiten verteilt.
Warum auch?
Er ist der eine,
den sie am meisten verachten.

Dunkle Straßen

Die Wege waren weit offen.
Das Bootshaus war geschlossen.
Der Teich dunkler als Öl.

Punkte aus Licht starrten auf mich herab,
hofften, ich würde etwas sagen,
etwas tun.

Ich rannte an ihnen vorbei.
Nahm sie kaum wahr.

So war die Stadt im Winter:
zufällige Klimaschwankungen,
morgen Schnee,
aber heute Nacht warm wie Frühling.

Ich war allein mit dem Park.
Allein mit vielen Dingen in jener Jahreszeit.
Ich hatte nie Zeit, wegzufahren,
aber ich war fort.

Die Straße bog sich mit meinen Schritten.
Der tote Boden atmete nach Licht.
Ich rannte darauf,
schnitt hindurch, wo der Brezelwagen
im April stehen würde.

Es war erst Februar.

Der Schild des Himmels spielte keine Rolle.
Sterne leuchten nicht in New York City.

Die Spaziergänger.
Die Radfahrer.
Die, die durchhielten,
leuchteten auf den Avenuen.

Ich leuchtete nicht,
aber ich würde bald.
Also blieb ich auf dem Asphalt,
bis ich bereit war,
mit den Lichtern zu sprechen.

Eine kreative Seele kostet nichts.
Bis es Zeit ist, es zu beweisen.

Die Erhaltung verschwendeter Zeit

Menschen lieben die Eleganz von Messwerten,
besonders, wenn man verfolgt, wie lange etwas gedauert hat.

Selbst wenn Zeit bewahrt werden sollte,
werfen wir sie weg.
Ein Flehen nach Bedeutung —
und verkaufen uns selbst zu billig.

„Ich habe drei Stunden gebraucht, das zu machen!"
„Ich habe zehn Jahre gebraucht, um mein Buch zu schreiben!"
„Wir waren sechs Monate zusammen."
„Wir haben dreißig Jahre hier gearbeitet."

Aber wenn es vorbei ist, ist es vorbei.
Zeit, Zeit, immer wieder —
schneller, als es gedauert hat, dorthin zu kommen.

Verschwendet – wofür?
Wir werden es nie wissen.

Aber verdammt,
es hat eeeewig gedauert.

Empörung inspiriert die Schöpfung,
aber der Künstler bringt ihre Schönheit hervor.

„Wir sind alle bereit“

Menschen halten nicht mit.
Sie geben auf
früher als ein Fisch,
der versucht, gegen die Strömung zu schwimmen.

Unabhängig von Erklärungen,
ist der Amerikaner schnell bereit aufzugeben —
ertränkt Würde im Namen von Zwang.

Einst war Ausdauer ein Gefühl von Stolz.
Jetzt ist sie ein Spektakel geworden,
ein Publikum ätzend vor Verwirrung.

„Es muss Gleichgewicht geben?“
„Wie kannst du uns nur so schlecht aussehen lassen!“
„Du schließt uns sowieso nicht ein!“
„Gib uns eine Chance, eine Runde, einen Platz.“

Was instabil ist, macht uns stark.
Selbst Muskeln müssen reißen, bevor sie wachsen —
und so müssen auch wir.

Wir müssen zerrissen, geschlagen, entehrt werden.
Spott ist die unsichtbare Nahrung.
Keine Nahrung außer Versprechen
kann den Antrieb eines Menschen erhalten.

Trotzdem essen wir, im Überfluss.
Wir erschaffen ein Bild, das wir zeigen wollen:
mächtig, wohlgeleitet.
Beweis zählt nicht.

Und wenn uns alles durch die Finger gleitet —
wenn die Ehe vorbei ist,
das Kind geboren,
das Gebäude nie gebaut,
aber das Tun geht weiter —
dann wenden wir uns dem Glauben zu
als dem nächsten Initiationsritus,
unserem sprichwörtlichen Maßstab für das Gute.

Wir sagen, Gott ist unser moralisches Urteil.
Aber Gott ist nicht unsere Familie, unser Laster oder unsere Tugend.
Gott ist die Regierung.

Gott ist das Unternehmen.
Gott ist die Hure, die wir ficken.
Gott ist das Kontobuch unserer Sünden
und die Erlösung, die wir nutzen, um Reue zu vergessen.

Gott ist die Fantasie der Erlösung.

In diesem Glauben,
dieser himmlischen Notlösung dessen, was wir daraus machen,
geistig zu sein, selbst in einem fragenden Geist,
ein abstraktes Bild zu preisen
ist so logisch
wie einen Bleistift zu preisen.

Doch wenn man uns bittet, unsere Sünde zu schreiben,
haben wir keine Geschichte.
Wie? Wie können wir ohne Narben leben?
Welche Schönheit entsteht aus den Schnitten auf unserer Haut?

War es nicht sogar Jesus, der es so gesagt hat?
Selbst die Absicht eines Mythos geht verloren
im Kreislauf der Gefolgschaft.

Und wir sehen es Generation um Generation.
Die Herde brüllt weiter,
ein anschwellender Sturm der Erleichterung,
der den Moment verbirgt, in dem sie die Chance bekommt.

Wie heilig, in Angst vor dem Leben selbst zu leben —
die Gelegenheit eines Lebens,
alles in Vorbereitung auf das Ende.

Aber das Ende ist nicht hier.
Das Ende ist nicht nah.
Das Ende ist ein ferner Gedanke —
eine hin- und hergeworfene Nachbildung
des elektrischen Eifers,
der in den Adern der Lebenden verweilt.

Keine verschwörerische Riesengestalt.

Wir sind mehr als diese Priorität der Sicherheit.
Wir sind gefährlich.
Wir sind mutig.
Wir sind ruhelos —
nicht für den Himmel, sondern für die Erde,

der Boden unter uns.
der Mut, verdammt nochmal rauszugehen
und die Sonne auf uns zu spüren
als wäre sie der letzte Stein
im größten See, den du je gesehen hast.

Und wir sitzen da wie eine Schildkröte, die auf diese Sonne wartet,
um uns zu braten, zu verbrennen,
uns daran zu erinnern:
das Leben ist kein Fegefeuer.

Es soll rumpeln, toben, uns aufreißen
in Angst, Hoffnung, Ekstase.

Also ... sind wir alle bereit?
Ich hoffe nicht.
Scheiß auf diesen sicheren Mist.

Ein falsches Gefühl von Ansehen
ist unser Untergang geworden.

Sonnenbrillen im Regen

Die Versorgungsarbeiter saßen auf der Treppe
vor Jerrys Imbisswagen.

Tropfen aus den Diamanten der Natur
zerdrückt zu kleinen Pfützen
zu ihren Füßen.

Ich ging vorbei, trug Sonnenbrillen.
Kein Grund, Blickkontakt zu suchen,
wenn man es vermeiden kann.

Einer von ihnen —
er muss eins neunzig gewesen sein.
Als ich auf die linke Seite seines Hemdes sah,
nannte ich ihn Newport.

Es war nicht sein Name,
aber die Klappe der Brusttasche war immer offen,
und eine Packung Newports
drückte den Stoff gegen seine Brust.

Ich frage mich, ob er jemals über meinen Namen nachdachte.
Mein Schild sagte Joseph Lee.
Er hat wahrscheinlich nie hingesehen.
Ich frage mich, ob es ihn überhaupt kümmerte.

Kater-Glaube

Es liegt Traurigkeit im Trinken in Bars.
Sie kommt von Erschöpfung.
Sie kommt vom Gefühl, gewöhnlich zu sein.
Sie kommt, weil es das Einzige ist, was noch zu tun bleibt.

Wir hassen es zu wissen, wie viel wir geben können,
wie viel wir beitragen wollen.
Aber die Aussicht
rutscht in den Untergang irgendeiner Last.

Also bleibt das Elend.
Der Flaschenhals wird zu ihrem Boden.
Wir schlucken, um zu vergessen.
Wir schlucken, um uns zu erinnern.

Morgen wird uns der Kater ablenken —
dann nur noch Nebel.
Ein klarer Geist ist voller gefährlicher Gedanken —
wer will schon über Enttäuschung grübeln?

Zurück an die Bar — unser Zufluchtsort,
eine Atempause von falschen Tugenden,
versprochen an harte Arbeiter.
Kein Amerikaner weiß je, ob er es wirklich geschafft hat.
Aber ein kleiner Teil von uns glaubt, wir werden es.

Und wenn ich es tue,
werde ich nie wieder einen Fuß in diese Bar setzen.

Auf der Jagd nach Heroin

Das Gehirn ist eine synaptische Autobahn,
gebaut, um Probleme zu lösen,
seine Schaltkreise brennen schneller
als der erste Schuss Heroin.

Wir registrieren.
Wir verweilen.
Wir sehen direkt durch die Lösung.
Wir zögern.
Wir wiederholen mit Fragen.

„Ich hab's nicht rausgefunden."
„Ich hab's nicht rausgefunden."
„Ich hab's nicht rausgefunden."

Rausgefunden was?
Es ist längst gelöst.

Es gibt nichts herauszufinden,
außer dem, was du nicht sehen willst:
deine Fehler,
deine Aufgaben,
dein Ego.

Du weißt es.
Du hältst die Distanz
vom zentralen Kortex der Möglichkeit,
von dem Sein,
das du wirklich sein willst.

Angst steckt nicht im Hindernis.
Sie lebt im Selbst.
Sie ist die Hürde,
über die du absichtlich stolperst,
im Geheimen,
in Knechtschaft an die Person,
die du bleibst,
die Person, die du verweigerst,
und niemals sein wirst.

Wir stehen immer Auge in Auge
mit unserer eigenen Bedeutungslosigkeit.

Kratzen an der Oberfläche
eines erfundenen Rufs,
von dem wir behaupten, wir hätten ihn rausgefunden,
auch wenn wir ihn hassen.

Immer noch fixiert darauf, es rauszufinden?
Du musst den Scheiß nicht rausfinden.

Mach einfach die Arbeit.
Mach sie mit Wut.
Mach sie mit Wahnsinn.
Mach sie, weil – wenn du's nicht tust –
du der Heuchelei hinterherjagst.

SEI DER ECHTE SCHEISS.
Sei es.
Denn das sind die,
die aufhören, zu grübeln
über die Erfindung des ewigen Herausfindens.

Die Abfolge des Nichts.
Nichts getan.
Nichts fortgeschritten.
Nichts außer der Möglichkeit des Nichts.

Zurückrudern im Potenzial,
high bleiben,
statt die Nadel zu ziehen.

Und das wird zur Besessenheit,
zur Blue's-Clues-Ermittlung.
Am Ende der Antwort nagen,
auf die Frage zurückstarren.

Wie eine Droge, die du nicht loswirst,
eine Weile allein gelassen,
kehrst du zurück, wenn das High nachlässt,
die Spritze der Vernunft wieder durchstochen.

Zur Hölle – schieß dich ab.
Find's raus.

Es gibt eine feine Grenze zwischen
„zu alt" und „zu jung".
Halte dich daran, wann immer es dir nützt.

Asphaltcocktails

NYC ist nichts für die Stabilen.
Dreckig und direkt.
Aufgewühlt, irrational.
Träumer und Traditionalisten
wirbeln zusammen
am Rand eines Cocktailglases.

Die Gezeiten wechseln jede Sekunde.
Die höchsten Höhen.
Die tiefsten Tiefen.
Berauschtes Bewusstsein
hinuntergespült mit Besessenheit.

Ich war tot.
Ich war lebendig.
Ich stand auf den Dächern von Gebäuden,
nur um mit dem Gesicht voran
in den Kies zu stürzen.

Die Straßen summen,
während der Teufel Zweifel flüstert.
Und doch gibt es Widerstandskraft —
den Glauben, dass es kann,
wird,
funktionieren muss.

Für immer die Stadt der Individuen.
Hell wie Laternen,
wir leuchten.

Je länger du bleibst,
desto mehr verbrennst du.

Etwas Schönes

Ich bin nicht sicher, ob ich es je tun werde.
Wer weiß, ob irgendetwas, das wir erschaffen,
den Blick eines Publikums fängt.

Da kommen das Denken,
der Zweifel,
der Rückzug
ins Spiel.

Das Verlangen, eine Spur zu hinterlassen,
zu sehr danach zu streben, bedeutend zu sein.
Spielt es überhaupt eine Rolle?
Wird sich jemand erinnern
an etwas, das du erschaffen hast
in hundert Jahren?

Es scheint, so viele versuchen es.
Wir bemühen uns so sehr, zu erschaffen.
Wir wollen jemandem den Atem rauben.
Wenn wir nur alle dazu bringen könnten,
einen Moment lang stehenzubleiben und nachzudenken.

Vielleicht könnten wir andere beeinflussen
auf eine Weise, die wir nie für möglich hielten.
Vielleicht tragen wir etwas bei,
das uns selbst verändert.

Bleib begehrlich und unruhig,
verblüfft und überrascht.
Vielleicht findest du
deinen kleinen Bissen Unbesiegbarkeit.

Feuer fangen passiert nur
bei denen, die bereit sind, zu brennen.
Und sind Flammen nicht schön?

Sie sind so, so schön —
bis sie zu nichts verbrennen.
Graue Asche liegt in Haufen
vergangener Auszeichnungen.

Etwas Schönes wartet.
Wirst du derjenige sein,
der es erschafft?

Ein bisschen Schmutz hat noch niemandem geschadet.

Kiesel

Dein Leben ist nicht mein Leben.
Und es wird Zeiten geben,
in denen ich den Wert meines Lebens
mit deinem vergleiche.

Du wirst dasselbe tun
mit jemand anderem.

Dafür entschuldige ich mich.
Weder du noch ich
erschaffen Hierarchien mit Absicht,
doch es passiert.

Vergleichen ist eine Gewohnheit.
Neid — ein fruchtloses Nebenprodukt.

Was wir brauchen,
ist, Wert zu finden.

Es tut mir leid.

Dein Leben ist dein Leben.
Und wie meines
zählt es.

Wenn du auf einer Erfolgswelle schwimmst,
lass sie dir die Eingeweide herausreißen.

Blind gehend

Wenn nur ihre Augen
gesehen hätten,
wie viel sie bedeutete,
wir wären für immer gelaufen.

Das Manifest der Schwätzer

Menschen, die sich langweilen,
machen bösartige Bedeutungen
aus dem, was sonst
harmlos, spielerisch, unschuldig sein könnte.

Sie entfachen Feuer,
atmen böse Absichten,
Lenden geschwärzt
von oberflächlichen sozialen Proklamationen.

Sie tauchen ein
in das, was nie gefragt,
nie verlangt,
nie gemeint war.

„Ich habe zugesehen."
„Ich habe gesehen."
„Ich weiß."
Müde Gemurmel —
Abschweifungen, als Beitrag getarnt.
Beweis, dass sie verstehen,
was nie zerlegt werden musste.

Alles nur für die praktische Antwort
auf „Was hast du am Wochenende gemacht?",
geflüstert
um den Wasserspender im Büro herum.

Gedanken
müssen nicht alltäglich sein
im Moment.
Sie können abgeschirmt werden
für deine eigenen Zwecke.

Der Prozess ist langsam,
aber die Auszahlung ist groß.
Sei einer der wenigen,
die es langsam angehen.

Schnelligkeit gebiert
Unsinn in ihren Köpfen.
Bomben aus Benommenheit —
ein Spiel für die Lahmen,
die Armseligen
und die Dummen.

Behauptungen gefälscht.
Erklärungen fallen tot um.
Reue zischt durch ihre Zähne.

„Ich bin stolz auf meine Haltung,"
obwohl sie sie
gerade erfunden haben.

Ein willkürlicher Wutausbruch.
Gehorsam gegenüber dem Dasein.

Sie posieren in geliehener Qualität —
die inzestuösen, unqualifizierten.
Schlag um Schlag,
qualifizieren sie sich gegenseitig,
Runde um Runde.

Für die eine Gruppe klingen ihre Stimmen süß.
Für andere quieken sie wie Schweine.
Beide Seiten auf Lärm reduziert.

Selektive Empörung.
Selektive Beteiligung.
Abgehakte Beiträge.
War es wirklich ein Beitrag?
Sie lieben Konflikte,
verstrickt in Belanglosigkeit,
Tiefe abgestumpft
durch schnelle Herstellung.

All das zensierte Schauspiel.

Was, wenn sie ausrutschen?
Sie könnten etwas Echtes sagen.
Dann werden sie erwischt.

„Ich habe keine Worte."
Das sind Worte.
Und sie sind keine Wahrheit.

Finde etwas,
irgendeine verdammte Sache,
außer zirkulierendem Klatsch
wie Geier über einer
politischen,
sozialen
oder wirtschaftlichen Sache.

Du treibst es nicht voran,
wenn du es nicht ausschwitzt
im Gerichtssaal,
im Stadtrat,
oder in einem gemeinnützigen Büro.

Ein Marsch zählt nicht.
Ein Gespräch beim Abendessen zählt nicht.
Kummer beim Brunch zählt nicht.

Nichts ist so akademisch, wie sie tun.
Die meisten Dinge sind Bullshit.
Nur Kunst macht uns sanft.

Dein Problem
ist, dass du weiterdenkst,
ständig mahlst
diese Furchen in deinem Gehirn.
Ignoriere den Lärm.

Du musst es dir verdienen.
Ignoriere das Winseln.
Es stiehlt dein Leben,
verbrennt deine Zeit.
Nagt an der Wunde des Wahnsinns.

Die meisten leben in einem Gnadenkomplex.
Überleben nach dem Willen anderer.
Gefangen im Dazwischen.

Warum sich um diese Idioten sorgen.
Sie wollten nie Wahrheit.
Zu viel Druck,
etwas anderes zu sein
als gewöhnlich.

Also ignorier es.

Deine Zeit zu erschaffen ist jetzt,
bevor Schwätzer deine Leidenschaft aussaugen,
bevor Banalität uns alle verschlingt.

Nach sanften Strömungen, um die wir ringen

Der partielle Frieden des Lebens
sucht immer nach einem sanften Strom,
bemüht, etwas zu finden,
das weniger chaotisch, weniger ätzend, weniger erzwungen ist.

Aber so viel im Leben wird uns aufgezwungen.
Wir erzwingen, was wir als wahr ansehen:
den Freund, der nicht immer ein Freund ist,
das sonntägliche Treffen, das wir als wichtig beschwören,
den Liebhaber, der im Bett schrecklich ist,
aber besser, als allein zu sein.

Das sind die Kräfte, die wir für notwendig erklären.
Sonst würden wir verrückt werden.
Und wenn Verrat knurrt,
wie der Drache, der Rauch in unsere Brust bläst,
atmen wir Dunst öfter aus als Flamme.

Was hält uns zurück?
Was lässt uns sicher bleiben?
Was hat die Lebendigkeit in unserer Seele getötet?

Das geschundene Leben —
das, das wir alle zu kennen lernen.
Nicht geplant,
aber genau richtig geliefert,
eine Belohnung dafür,
dass wir taten, was wir für richtig hielten.

Wie komisch, wenn Konvention falsch ist.
Der Bleistiftstoß hätte uns nie täuschen sollen.
Aber er hat's,
wie immer.

„Woher zur Hölle hätten wir das wissen sollen?"

Als wäre es ein Trick.
Als hätten wir es nie gesehen.
Die Leiden unseres Lebens
so klar wie 20/20-Sehkraft.
Wir verdecken den Blick,

zwingen das Glück,
in der Hoffnung, das Haus zu schlagen.

Dieses Kartenhaus ist das Leben.
Es braucht nur eine fehlende Karte,
um unsere Eingeweide herauszureißen —
klatschend auf den Tisch,
Blut trocknend, bevor es sich sammelt.

Und wir starren verwirrt,
als wären wir die dummen Idioten,
die wir verspotten mit
„hätten es besser wissen sollen."

Aber wenn wir dran sind —
spielen wir Sockenpuppen,
ohne Halt,
nur eine Hand, die an unseren Hälsen ruckt,
gebrochen wie Zweige auf einem Friedhof.

Und wir reißen,
ohne Zurückhaltung.

Ich lache jetzt darüber.
Ich dachte einmal, es würde mir nicht passieren.
„Keine Chance.
Ich mache keine Fehler."

Aber egal, wie sehr du planst,
der Ast bricht,
ergibt sich unter den Fledermäusen über dir.
Sogar der Drache überlebt keinen Schwarm.

Und deshalb,
wenn ein sanfter Strom kommt,
geh kein Risiko ein, zu schwimmen.

Du wirst ertrinken,
immer noch darauf beharrend, dass du recht hattest
wegen der Strömung darunter.

Kirschsoße und Mücken

Du kannst die Liebe vergessen.

Wie eine tief eingegrabene Mücke
navigiert sie deinen Kern.
Egal, wie sehr du dich wehrst,
die Mücken kümmert das nicht.

Das Herz kann sich nicht davor schützen,
berührt zu werden.

Liebe blutet —
ein Eimer Kirschsoße,
der über den Rand schwappt.
Sie ist ein Verlangen,
zu stark, um nicht zu kosten.

Was für ein schöner Fehler.

Schwäche entspringt aus Liebe.
Tränen brennen auf den Wangen.
Fehler offenbart,
Fasern der Verletzlichkeit gespürt.

Darauf zu vertrauen, dass Liebe dich nicht zerstört —
aber was ist so schlimm daran, zerstört zu werden?

Und dann ist da die Angst.
Anhaltende Angst.
Die Wette, die es wert ist.
Das größte Glücksspiel.

Also setz sie.
Es ist unklug,
in Gewissheit zu leben.

Eine auf Intrigen aufgebaute Handlung endet im Nichts.
Wahres Streben intrigiert nicht –
es handelt einfach.

Außer Mick Jagger

Jugend zieht Relevanz an.
Frische Köpfe,
coole Faktoren,
verbreitet zur Schau gestellt.

Angst vor dem Alter hat nichts mit Gesundheit zu tun;
es ist emotionaler als das.

Der entgleitende Griff der Jugend
ist mehr als Arthritis.
Es ist das Wissen,
dass die Vergangenheit nicht wiederholt werden kann.

Und trotzdem versuchst du's.
Du redest von deinem alten Dies und Das —
wie du dich verjüngen wirst.

Aber Weisheit schlägt Relevanz.
Relevanz ist flüchtig.
Wir werden alle irgendwann schal.

Außer Mick Jagger
und ein paar andere.

Also mach dir keine Sorgen.
Grüble nicht.
Lass Irrelevanz
nicht Relevanz vortäuschen.

Nation, gegen sich selbst

Ein Land —
eine Nation, in der Unterstützung, Fürsorge
und ein Gefühl des Zusammenhalts
beiseitegeschoben werden.

Dazu erzogen, den Erfolg anderer zu vereinnahmen,
um die Aufmerksamkeit abzulenken
von denen, die für etwas stehen.

Es ist eine traurige Nation,
gelähmt von Selbstzweifeln,
sehnt sich nach Identität,
schämt sich ihrer Wurzeln,
missgestimmt durch Dissonanz,
neidisch — immer neidisch.

Von Unsicherheit gequält,
hilflos ohne Stärke,
und ängstlich vor der Zukunft.

Unsere Nation,
gegen sich selbst.

Streichholz im Dunkeln

Der erste Kuss
ist der, der nicht verweilt.
Schnell.
Scharf.
Entzündet —
wie ein Streichholz im Dunkeln.

Keine Zeit, ihn zu beschweren
mit Erinnerung
oder Versprechen.
Nur Hitze im Jetzt,
brennend, bevor die Stadt verschlingt.

Aber wir wagen es —
mutig genug,
in die Asche des Jetzt zu treten,
wo alles, was wir wollen, uns verzehrt.

21:48 Uhr, Mittwoch.
Wir überqueren die Brücke.
Brooklyn glüht im Glas.
Der Regen fällt.
Taxis zischen vorbei.
Zart wie die Nacht.

Ihr feucht aufgesprungenes Haar.
Ihre nass aufgesprungenen Lippen.
Ihre tränenfeuchten Augen.

Sie hält nichts,
bietet alles.

Es wird einen weiteren geben —
es gibt ihn immer.

Sonnenuntergänge im Gantry State Park

Mein Geist beruhigt sich,
wenn der Tag seinen Antrieb verliert,
wenn Risse in New Yorks Skyline
über dem zitternden Fluss strahlen.
Ich zittere, als sich die orangefarbene Spiegelung
über die Holzstege des Gantry State Park legt.

Hände greifen nach Hundeleinen,
andere ineinander.
Einzelne Sterne tippen auf Telefonbildschirme,
erwartungsvoll,
fragend,

Soll ich ihn anrufen?

Ich denke dann an sie.
Ich vermisse sie nicht mehr so sehr wie früher.
Die Momente, die wir im Park hatten, sind längst vorbei,
aber die Lampen am Steg werfen Schatten
und erinnern mich an eine unheimliche Vergangenheit.

Der Pier blickt hinaus
auf das, was einst unsere Stadt war.
Es trifft mich.
Es lässt mich uns wieder herbeiwünschen.
Nicht für immer —
nur lang genug, um mich zu erinnern, wie schön es war.

Ja, um sich zu erinnern.

Ich hatte es mir nicht erlaubt — bis jetzt.

Zu Bersten

Das Herz ist langsamer geworden.
Bürger gehen.
Ein Zustand, in dem das Laufen aufgehört hat.

Grenzen scheinen unüberwindbar,
überwiegen das Fieber, die Chancen zu schlagen.
Zahlen lügen nicht.
Aber tun sie das?
Es kommt darauf an.

Menschenmengen bewegen sich,
Gemeinschaft entfesselt
durch die Unsicherheiten der Einsamkeit.
Reisen geschehen nicht ohne Rückgrat,
einfach, das Bedürfnis nach einem Freund.

Aber wie kann man
sein wahres Potenzial erreichen,
wenn man nicht allein ist,
wenn man nicht die Chance hat,
es zu finden,
es geschehen zu lassen?

Es gibt nur eine Chance.
Und so sehr wie jeder — oder ich — es tun kann,
der Schlag bleibt gleichmäßig.
Das Leben bewegt sich vorwärts,
so sicher wie Brot,
das jeden Morgen aus dem Toaster steigt.

Ich fordere dich heraus.
Ich fordere mich selbst heraus.
Vergiss den Toast.
Finde es.
Irgendetwas.
Verfolge es.

Nicht für Ruhm.
Sondern weil wir es brauchen,
um zu wissen, dass wir es gefunden haben.
Das ist es, was Amerika einmal war.

Ich sehe meine Mitmenschen
und sehe mich selbst nicht.
Allein.
Ausgezeichnet.
Unwohl in Akzeptanz.

Und wenn ich mein Herz spüre,
es schlägt schneller,
es schmerzt in meiner Brust,
beinahe explodierend.
Unglaublich,
wie nah ich dem Ende bin,
wenn ich daran denke.

Und bei all meiner Sentimentalität,
selbst in diesen schlimmen Zeiten,
erinnere ich mich, dass es mein Herz ist.
Und ich fordere es heraus,
ich fordere es heraus, zu bersten.

Sie bevorzugte die Kurven

Sie war stur und eigensinnig.
Das war es, was ich an ihr liebte.
Sie war Leben.
Sie ließ mich lebendig fühlen.

Ich habe sie seit vielen Jahren nicht gesehen.
Ich wünschte, ich hätte sie jetzt kennengelernt.

Das Leben beginnt als gewundene Straße der Ungewissheit.
Es gibt eine Chance,
aber sie verbirgt sich hinter Hindernissen und scharfen Kurven,
die die Jugend dir in den Weg wirft.

Es gibt Hoffnung auf Entdeckung.
Navigation wird süchtig machend,
eine Droge.

Aber zu früh
wird die Straße vorhersehbar.
Weisheit hat eine seltsame Art,
Dinge gewöhnlich zu machen.

Ich dachte, ich wollte nach einer Weile Komfort.
Da waren sie und ich unterschiedlicher Meinung.

Sie bevorzugte die Kurven.
Die seltsame Angst vor Instabilität war für sie in Ordnung.

Ich erinnere mich, dass ich entsetzt war
im ersten Sommer, den wir uns trafen.
Selbst als sie in die Routine rutschte,
wusste ich, dass es vorübergehend war.
Der Sommer zog uns immer wieder zum Anfang zurück.

Diese vier Monate,
wild verschieden.

Ich vermisse meine Sommer mit ihr.
Ich werde darüber hinwegkommen.
Ein frischer Moment der Nostalgie.
Mein Kopf weiß es besser.

Verdammt.
Ich mag nicht, dass ich so denke.
Mein Kopf?
Das Leben sollte nicht praktisch sein.

Wir sollten wie verrückt rennen,
von den Dächern schreien.
Ich will jemandem ins Gesicht schauen
und seine Hemmungen verschlingen.

Lass unsere Herzen so heftig schlagen,
dass die einzige Überlebensweise das Lachen ist.
Und lachen werden wir,
wie sonst lindert man den Druck?

Sie lachte immer.

Ich frage mich, ob sie es immer noch tut.
Ich hoffe, sie hat es nicht verloren.
Ich hoffe, ich habe den Mut,
das Leben wiederzufinden.

Du solltest keine Angst vor deinem eigenen Fachwissen haben.
Überlass das lieber der Konkurrenz.

Nie still

Es liegt eine Leidenschaft in dieser Nacht.
Der Wind und ich glauben an den Rausch.
Ich renne mit dem aufsteigenden Strom
und finde mich selbst
verflochten in seiner wilden Kraft.

Groß.
Kühn.
Mutig.

Ich wage es zu entkommen,
während die Luft verschwindet —
fort, aber niemals still.

Die Lichter meiner Stadt

Die Straßen waren glasiert
wie Zuckerguss auf Schokoladenstangen.

Leuchtende Träume in Fenstern,
Läden,
Nagelstudios
und Bushaltestellen.

Einsame Gäste
sitzen hinter beschlagenem Glas.
Die Nacht dampft
ohne Verlangen.

Die Stadt schläft
im Winterschlummer.
Ruhiger
zu dieser Jahreszeit.

Früher war es alles Lärm.
Alles neu.

Jetzt ist es Routine.
Da ist mein Chinese um die Ecke.
Ich sollte Wäsche waschen.
Die Lichter begeistern mich nicht;
sie leiten mich nicht.

Die Lichter meiner Stadt
erinnern mich nur daran, dass es Leben gibt —
dass ich ein Teil davon bin.

Die Monate vergehen schneller,
gleiten unbemerkt vorbei,
fließen durch Drähte —
elektrifizierte Alltäglichkeit.

Und jetzt sehe ich es:
kleine Momente
werden zu kleinen Gedanken,
zu kleinen Veränderungen.

Und kleine Veränderungen
sind alles, was wir haben.

Cancel mich.
Damit ich in Ruhe sterben kann.

Wie Fleisch gepackt

Mindestens hundert hineingepfercht.
9:18 Uhr.
Die U-Bahn voll,
die Luft dick von Schweiß und Schlaf.

Kopfhörer baumeln.
Tote Gesichter schrecken auf
an ihren Haltestellen zur Arbeit.

Ein Mann liest die Bibel.
Ein anderer ein Taschenbuch.
Niemand lächelt.
Morgenblues würgen den Wagen.

Jeder denkt,
wahrscheinlich dasselbe:
Wie schnell können wir den Tag hinter uns bringen?

Ich?
Ich wäre lieber zu Hause.

Die Stille ist brutal.
Werden wir ankommen?
Wo landen wir eigentlich alle?

Heute ist ein weiterer kleiner Schritt.
Wohin wir von hier gehen,
ist viel zu weit weg.

Lösende Lösungen

Ich vergesse,
oder zumindest versuche ich es.
Die zunehmenden Gründe.
Flashbacks geben mir Schleudertrauma,
verdorben von bitteren Szenen.

Aber was ist so schlimm
an Unvorhersehbarkeit?

Praktikabilität
ist Tennis gegen eine Wand.
Niemand will wirklich allein schlagen,
selbst wenn der Aufschlag mies ist.

Wie leicht es ist,
Probleme schwieriger zu machen.
Ansteckend,
sie ersticken.
Sie töten dich, wenn du sie lässt.

Und ich tat es.

Ich sterbe, wenn ich denke
an die Zeiten, die ich nicht wiederholen kann.
Sie können nie wieder passieren —
oder doch?
Alles, was ich tun muss, ist, anzurufen.
Ich tu's nicht —
ich weiß nicht, ob ich kann.
Eine Lösung, die keiner Lösung bedarf,
aber ich denke trotzdem darüber nach.

Sie und ich waren immer
komplizierter als Antworten.
Unser Geheimnis war verführerischer.
Manchmal werden Menschen am besten
durch Fragen beschrieben.

Eine Lösung
wäre zu einfach zu finden.

Und ich liebe Fehler.
Vielleicht sollte es immer so sein,
fehlerhaft.

Vielleicht war das Lösen von Lösungen
nie so schwer,
wie wir es gemacht haben.

Alle Süße brennt

Die meisten Menschen wünschen sich,
dass etwas Erschütterndes
ihnen passiert.

Aber wenn es passiert —
laufen sie davon.

Ich war dafür bekannt,
mich in die Flammen zu stürzen.
Ich weiß nicht, warum.
Vielleicht mögen manche von uns
es, verbrannt zu werden.

Du fühlst dich lebendig für einen Moment,
bis die Glut von gestern
in das Gewöhnliche abkühlt.

Wie langweilig, sicher zu leben —
makellos, unberührt, ungelebtes Leben.
Sogar das Verlangen nach Liebe
kann ein Todesurteil sein.
Herzschmerz ist ein Geschenk.
Wir rennen,
gerade dann,
wenn es uns zerbrechen sollte.

Die Angst vor der Angst
ist ihr eigener kleiner Tod —
eine bedeutungslose Umstände,
der wir Bedeutung vortäuschen.
Es ist dieselbe Abneigung,
die uns von der Flamme fernhält.

Lass los.
Wir sind alle gleich.
Denn wenn du es nicht tust,
wirst du niemals
die Süße
des Brennens des Lebens kennen.

Ablenkungen ersetzen Kreativität.
Ablenkungen zerstören Tiefe.

Die Jugend ist ein tödliches Serum.
Drogen legen es nur offen.
Überleben ist das einzige Gegenmittel.

Das Gummiband

Ich denke so weit voraus,
wenn ich zurückkomme,
bin ich wütend.

Mein Geist ist ein Gummiband —
gedehnt von Neugier,
andere Male von Erwartung.

Ein Ruck nach
dem Film,
dem Abgabetermin,
einer Reise,
beim Anblick der Beine einer Frau in der U-Bahn —
was auch immer die Fasern weiter dehnt.

Manchmal wache ich mit Kopfschmerzen auf,
das Band zu straff gespannt,
gespannt, fast am Reißen.

Aber es kann immer weiter gedehnt werden,
und das ist das Verbrechen an mir selbst —
zu glauben, es habe keine Grenzen.

Doch es hat sie.
Wenn es austrocknet,
spröde entlang der Linie,
reißt es.

Aber ich bin zu weit gekommen,
um es mit Reue zu verschwenden.

Außerdem, Gummibänder gibt's wie Sand am Meer.

Runter damit

Kunst geht nicht mehr
darum, ein Gefühl zu entdecken —
sie wird hergestellt,
um den Kennzahlen zu entsprechen.

Billig gemacht.
Einfach gemacht.
Marketingfett.
Runter damit.

Wir sind darauf konditioniert,
es organisch zu nennen,
zu schwören, es sei Wahrheit —
eine Mischung aus Trends.

Moden, Manien,
geliehene Gesichter —
Künstler, die nicht einmal
ihre eigene Kunst erschaffen.

Betrug applaudiert Betrug.

Es ist unvermeidlich, dass jeder seine Zukunft damit verbringt,
die Vergangenheit wiederherzustellen.

Schöne Menschen an Regentagen

Regentropfen schleichen neben mir her.
Kleine Tränen gleiten in die Rinnen,
vorübergehende Schwimmbecken für Ratten.

Stiefel —
grün,
gelb,
gepunktet.

Ein gekrümmter Rücken löffelt
einen Polyesterschild.
Da ist Al.
Sein Bauch hängt über
einen Jogginghosenbund.
Sein T-Shirt hat keine Chance.
Er raucht, zieht ein letztes Mal,
schnippt die Kippe in mein Blickfeld.

Ich sehe zu, wie die Glut erstickt.
Ich erlöse sie aus dem Elend.
Plattgetretene Zigarettenstummel liegen um mich herum.
Sherry wird sie am Sonntag wegfegen,
das ist Mülltag.

Der Maschendrahtzaun
vor Apartment 47
blinkt zurück.
Ich ertaste die Rillen,
kalt, nass.
Seltsam tröstlich.

Bis es vorbei ist.
Ich schaue die 34th Street hinunter.
Schildkrötenpanzer hüpfen —
schwarz und blau,
kugelrund.

Der Regen ist gar nicht so schlimm.
Schirme sind Accessoires,
wie Uhren, Taschen, Ringe.
Die Straßen erinnern mich —
Unzulänglichkeit ist Überleben.

Ich denke an Al.
Vielleicht hat er es raus.
Lass den Bauch hängen.
Keine Deckung nötig.
Perfekt so.

Zeit vergeht,
ich sehe den Tropfen zu,
sehe dem Rauch zu,
sehe seinem gewöhnlichen Leben zu,
wie es vorüberzieht.

Die Größe der Statuen

All die Menschen, die du triffst,
bis du sie übertriffst,
in jeder Hinsicht, in der sie dachten,
du würdest gleichbleiben.

Wenn der Freund zum Feind wird,
wenn Höflichkeiten Strömungen verbergen,
wenn glatte Zivilität
zu scharfen Kanten wird.

So ist es immer.

Sie predigen Potenzial,
aber Beweise entziehen sich ihnen.

Die Kreativen,
die Macher,
die, die wir aus der Ferne loben.
Bis wir sie werden.

Dann sind wir Ausgestoßene —
weil wir recht haben,
weil wir mutig sind,
weil wir schön sind.

Während die Hässlichen und Gewöhnlichen
sich versammeln, um uns hinunterzuziehen,
wenn wir aufsteigen.

Größe allein —
ein Symbol der Widerstandskraft.
Aber selbst Statuen werden niedergerissen,
wenn genug Menschen behaupten, einen Schurken zu sehen.

Dieses Geheimnis, das wir alle bewahren.
Aber was nützt das Böse,
wenn wir es alle in uns halten?

Wie verbergen wir den Helden?
Lebt nicht auch er
mit dem Teufel in sich?

Wir tragen Angst in unseren Gesichtern,
das Richtige zu tun,
selbst wenn Gehorsam uns tötet.
Und das wird er.
Hat er immer getan.

Aber wir nicken zustimmend,
dem letzten Treueschwur folgend,
an das Ödland unseres Leids.

Und dann weinen wir.

Denn wenn wir nur der Schurke sein könnten,
wären wir wenigstens
einer unter den Statuen.

Gesehen werden, nicht gelöst

Frauen beschweren sich,
weil sie Anerkennung wollen.

Ihr täglicher Kampf und Streit,
eine Routine, geboren aus dem Rätsel des Morgens,
ein umgekehrtes Flehen um Bestätigung.

Warten auf den Anruf:
„Du machst sooooo viel."
„Diese arme Frau."

Wir dummen Männer
bieten eine Lösung an.
Sie sagt:
„Du verstehst es nicht."

Sie will keine Lösung.
Sie will das Lob für ihren Kampf —
egal, ob sie noch etwas dazufügt.
Gleicher Tag morgen.
Gleicher am nächsten.

Sie will nur die Anerkennung,
nicht die Lösung.
Denn die Lösung klingt wie:
„Na, du hättest es besser wissen sollen, Dummerchen."

Frauen sind zerbrechlich.
Sie wollen gemocht werden —
noch mehr
von ihren schlimmsten Feinden.

Tief im Innern haben sie Angst,
ein bisschen Schisser,
etwas anderes zu tun.
Sie wohnt in der Sorge des Tages,
wie eine Raupe in ihrem Kokon.

Daher die Suche
nach täglichen Rätseln,
die ihren Kampf definieren:

„Puh, ich hab was, womit ich mich beschäftigen kann —
damit niemand sagen kann, ich trage nichts bei.“

Aber selbst sie weiß,
dass das, worin sie steckt,
nur wenig bedeutet.
Aber es gehört ihr,
sie verteidigt es wie alles.

Etwas anderes zuzugeben
würde bedeuten zuzugeben,
dass sie dumm,
schwach,
nutzlos ist.

Frauen sind nicht nutzlos.
Oft härter als Männer.
Viele Männer, um genau zu sein.
Aber sie lieben es, an Problemen zu nagen.
Als würde Sorge sie weise machen.

Aber es gibt nichts Scharfes daran,
im Kreis zu schwimmen.
Das ist keine Tiefe.
Das ist Wahnsinn.
Das ist der Unterschied zwischen den Geschlechtern.

Frauen wollen den Konflikt,
der leicht zu lösen ist.
Männer wollen den Konflikt,
der Großes schafft.

Frauen sehen es nicht wie Männer.
Wenn man sie fragt, ob sie könnten,
sagen sie laut und klar:
„Ja, ich könnte es tun ...
aber nur, wenn dies oder das für mich bereitstünde.
Oder wenn ich das oder jenes hätte ...
aber ich hab's nicht.
Nicht meine Schuld.“

Den Narren durchschauen, das werden sie nicht.

Ich habe jetzt alles erklärt.
Also behandel sie so.
Und fick endlich.
Gott, wie Sex Probleme löst.

Du hast es immer noch nicht verstanden?!
Sie wird dich testen:
„Du hast so ein Glück, dass du dich nicht mit sowas rumschlagen musst."
Das ist ihr Mut.

Sie will, dass du zugibst,
dass das, was sie tut, härter ist,
dass es mehr Wert hat.
Sie leiden zu sehen
bedeutet, mit ihr zu leiden.

Sie will einen gemeinsamen Moment der Mühe.
Gesehen werden, nicht gelöst.

Also, geh mit ihr unter.
Biete die Anerkennung,
halte die Lösung zurück.
Es muss keinen Sinn ergeben.
Hat es nie getan.

Das ist der Konflikt, an dem sie festhält.
Das ist der Kampf, von dem sie lebt.

Alles richtig zu machen
bedeutet nicht, dass dir irgendetwas zusteht.

Trotzdem hat das Herz eine Chance

Verstrickt im Wahnsinn des Verlusts.
Mein Geist wird leer,
und es fühlt sich an wie der einzige Sinn für Vernunft.

Das tiefe Verlangen,
die unerwartete Natur ihres Wesens —
dunkel, dunkler als ein violetter Himmel.
Und doch scheint es nichts zu geben.

Wie verworren der Verstand wird,
wenn Gefühle herrschen.
Seltsam und abweichend,
das beschützte Herz ist ein Besiegter.

Nur wenn die Angst vor der Möglichkeit zuschlägt,
halten wir inne für die Liebe.
Die Seltenheit eines solchen Gefühls ist beängstigend,
aber zu glauben, es existiere nie, ist schlimmer.
Man spürt es, wenn man nicht bereit ist —
Unvollkommenheit und Anmut, vermischt,
während ein Auto vorbeirauscht.

Vom Scheinwerfer geblendet,
wird das Herz daran erinnert, eine Chance zu ergreifen.

Liebe ist etwas, woran wir blind glauben.
Wenn die Teile passen,
sich mühelos verbinden,
bildschöne Lächeln festgehalten im Moment.
Die Zeit steht still.

Doch der Verstand ist berechnend —
komplex, hinderlich.
Ein Tropfen Zweifel springt hin und her.
Mit großer Geschwindigkeit übernimmt er.
Nicht länger von Liebe ergriffen.

Trotzdem hat das Herz eine Chance.

Es gibt nichts Elenderes als das Grübeln.
Momente der Vergangenheit kehren zurück,
ehemalige Grenzen abrupt verlassen.

Der Fehler des letzten Jahres wird
zum Fehler der letzten Nacht.

Unter dem wachsenden Druck
bleibt die einzige Wahl, allein zu sein.

Allein, wenn man zusammen sein könnte.
Der härteste Teil.
Dumm und quälend,
alles wegen der Liebe.

Aber Enden wurden nicht für uns gemacht.
Wir haben jetzt,
und was noch kommt.

Wenn sich unsere Wege kreuzen
und zu ewigen Erinnerungen werden,
wenn ich nicht umhin kann,
von deinem Blick heute Nacht
und jeder Nacht danach
mitgerissen zu werden.

Und so warte ich.
Ich warte auf sie.
Sie ist die Einzige.
Denn ich weiß —
mein Herz hat eine Chance.

Jede Generation sucht nach Relevanz,
doch Bedeutung verzerrt sich zu Voreingenommenheit.

Unwissenheit verdunkelt ihre Augen,
und frühere Größe versinkt in Stille.

Vogelscheuchen tragen die Krone

Alle Geschichte ist eine Romanze,
ein Faden gesponnen aus Individualität,
ein Pullover für jede Jahreszeit.

Wenn Gemeinschaft so stark ist,
warum wurden dann Könige ermordet?
Kommerzialisierung, Verwertung —
die Reinheit der Stimmung
umverdrahtet zu Profit.

Gibt es noch authentische Orte?
Plätze, wo das Herz den Dollar verführt,
wo wahre Künstler allein sitzen,
lebendig und unwohl,
immer noch kämpfend.
Oder ist der letzte große Künstler ausgestorben?

Vielleicht wird stattdessen der Opportunist gekrönt:
eine Vogelscheuche, voll Stroh,
gestopft mit Slogans,
hergestellt für Aufmerksamkeit,
posierend für Krähen,
immer noch saugend.

Vielleicht ist das Tempo der Kultur schuld:
alle jagen dem Moment nach,
Gehorsam verpackt als Notwendigkeit.

Ich wüsste es nicht.
Ich bin zu beschäftigt mit meiner eigenen Kunst.
NYC hält mich scharf und deprimiert,
eine perfekte Mischung
aus Schmutz und Inspiration.

Ich bin meine eigene Erfahrung.

Aber vielleicht bin ich zu klug.
Ich habe zu viel studiert, zu viel gelesen.
Ich lebe, wissend zu viel.
Ich habe das Leben ruiniert —
so wie du es kennst.

Belastung

Ein Ergebnis
beantwortet vielleicht nicht
die Frage,
aber es
verringert die Belastung.

Ader der Sucht

Ich hasse, was ich will,
doch muss nähren, was ich brauche.

Wie Fleisch, das pro Minute verkauft wird,
sind wir an das gleiche System gebunden.
Wir geben auf, was heilig ist,
und vergeuden, was von unserer Gnade bleibt.

Diese Hingabe macht uns zu nichts,
selbst wenn sie als richtig dargestellt wird,
lügend, während wir darin verfaulen.

Bauch nach oben. Aufgeschlitzt. Gebrochen.
Ein Blutsee zu unseren Füßen.
Wir schwimmen im Meer aus Rot.
Und wir sagen, es lohnt sich.

Adern zittern unter Flüstern,
ein geheimes Leben hinter einem Lächeln.

Der Verstand zerreißt,
ein Schuss näher.
Brich nicht.
Komm näher.
Bleib gebunden.
Brich nicht, was dich umklammert.
Es geht sowieso nie weg.

Entzug ist hart,
also machst du weiter —
auch wenn es alles kostet,
auch wenn es dich taub zurücklässt.

Bis es weg ist.
Bis es sich dreht.
Bis es nachlässt.

Sicher und allein

Ich verbrachte den ganzen Tag allein.
Es gab Partys, zu denen ich hätte gehen können,
aber ich wollte einfach nicht unter Leuten sein.

Ich fühlte mich heute ängstlich —
mehr als sonst.

Ich legte mich auf mein Bett
und starrte an die Decke.
Ich musste das Atmen üben,
sein Rhythmus gestört
durch die Ablenkung meiner Gedanken.

Ich dachte über mich nach.
Ich dachte über die Dinge nach, die ich erreichen wollte.
Ich dachte an die Zeit, die ich verschwendet habe,
an das Geld, das ich törichterweise ausgegeben habe.
Ich dachte an meine Schwester.
Ich dachte an meine Mutter.
Ich dachte an meine Ex-Freundin.
Ich dachte über alles zu viel nach,
bis ich müde wurde
und unruhig.

Es muss
einer der ersten schönen Frühlingstage gewesen sein.
Ich konnte es durch die Rollläden erkennen.
Ich fühlte mich schuldig, weil ich hinaus wollte,
schuldig, weil ich den Sonnenuntergang sehen wollte.
Ich fühlte, ich hätte es nicht verdient.
Ich fühlte, als hätte ich den Tag vergeudet.

Das Schlimmste an heute
war, dass niemand wusste, wie tief ich steckte.
An anderen Tagen, wenn ich mich so fühlte,
rief ich einen Freund an.
Ich las ein Buch.
Ich hörte Musik und schloss die Augen.
Ich machte Yoga.

Ich tat irgendetwas —
irgendetwas, um die Aufmerksamkeit
von meiner Schwermut abzulenken.

Aber heute ließ ich sie übernehmen.
Ich nahm mein Telefon in die Hand,
legte es wieder weg.
Ich wollte sie nicht stören.

Ich wollte ihnen den Tag nicht verderben.
Ich wollte ihren Sonnenuntergang nicht ruinieren.

Ich wusste nicht, wie ich meine Melancholie handhaben sollte.
Das passiert von Zeit zu Zeit.
Es ist normal, sich so zu fühlen.
Im Gegensatz zum Glück
ist die Traurigkeit bereit und willig.

Also blieb ich allein.
Es war der einzige Weg, wie ich mich sicher fühlte.

Und ich wünschte manchmal,
ich würde mich nicht so über mich selbst fühlen.
Als würde Ehrgeiz gegen mich arbeiten,
als wäre jeder Erfolg veraltet.

Ich weiß, wenn du meine Freunde fragtest,
würden sie sagen, ich sei ein netter Kerl.
Ich schätze, das bin ich manchmal.
Ich denke, ich war es noch vor ein paar Tagen.

Wie frustrierend es ist —
die Vergangenheit kann sich so fern anfühlen von heute.

Aber der Verstand ist ein mysteriöses Organ.
Manchmal denke ich, meiner grübelt
über vergangene Fehler.
Ich nehme an, jeder kann
seine eigene Größe vergessen.
Es ist schwer, sich manchmal zu erinnern.

Ich weiß, ich bin nicht der Einzige.
Es gibt andere, die heute aufgewacht sind
und sich genauso fühlten.
Andere werden sich morgen so fühlen.
Es gibt keine Möglichkeit zu wissen,
wie ein Tag verlaufen wird.

Es soll morgen sonnig werden.
Und verdammt, allein der Gedanke an morgen
macht den heutigen Tag schon erträglicher.

Ich könnte genauso gut bei all dem einschlafen,
nachdem ich dieses Gedicht beendet habe.
Vielleicht habe ich eine bessere Chance darauf,
wenn ich aufwache.

Ich fühle mich optimistisch.
Und du?

Der Dampf entlang der Christie Street

Wir hatten gerade die erste Bar verlassen,
und ich begann, mich gehen zu lassen.
Die Feuchtigkeit des Augusts klebte an mir —
Schweiß vermischte sich mit Gin,
mit Neon,
mit dem Lärm eines weiteren Samstags.

Die Erwartung der Nacht wuchs.
Fremde zogen vorbei wie Schatten,
Gesichter glühten,
halb gehörte Stimmen riefen meinen Namen —
oder vielleicht auch nicht.

Die Straßen dampften,
teergetragener Nebel stieg in Wellen auf.
Ich trat hinein,
gleichgültig, was geschehen würde,
furchtlos vor dem, was könnte,
ängstlich vor dem, was vielleicht nicht.

Glas auf Holz.
Ein Lautsprecher stöhnte.
Eine Hand auf meiner Schulter.
Lachen — zu laut.
Ein Kuss, vielleicht.
Ein Stolpern.
Der Boden kippte.
Die Nacht zerbrach,
bevor sie landen konnte.

Ich war müde wie die Sünde,
doch bat ich nicht um Vergebung.
Ich gewährte mir selbst Erlösung,
als die Erinnerung ins Schwarze verblasste.

Und trotzdem ging ich weiter,
getragen vom Schleier,
von der Hitze,
von den Sinnen der Stadt.
Entlang der Christie Street,
wo Dampf sich in Furcht verwandelt.

Ich, der Schriftsteller

Die Gesellschaft schaut auf uns,
um ein Bedürfnis zu erfüllen —
eine Persona, um Sinn in die Dinge zu bringen,
eine Stimme, die zugleich gegen
und für die Heuchelei selbst spricht.
Um die Wahrheit zu sein.

Der Rockstar ist der Rockstar.
Seine Eskapaden —
verziehen,
weil er der Mensch ist,
der wir wünschten, wir wären.

Ich schätze.
Ich bin der Schriftsteller.

Und obwohl ich mich selbst verachte,
Bedeutungslosigkeit fürchte,
und meine Angst nicht zügeln kann,
bin ich der Schriftsteller.

Ich schreibe für andere,
weil sie es nicht können.
Ich sage, was sie wollen,
aber nicht tun.

Ich spüre die Unsicherheit
jedes Wortes, das ich setze.
Ich spüre das Gewicht
jeder kritischen Reaktion.

Aber ich tue es für die Menschen
an einsamen Orten,
die etwas zu lesen brauchen,
um zu verstehen,
was das alles bedeutet.

Dass sie nicht allein sind.

Dass gute Tage —
wenn auch begrenzt —
die Tage überwiegen
von trüber Verzerrung,
blassem Scheitern,
und Momenten, die es nicht wert sind, sich zu erinnern.

Dafür
schreibe ich für euch.

Und vielleicht
schreibe ich für mich selbst.

Das Goldene Gürteltier

Du tust diese Dinge
mit der Absicht, dass sie transaktional sind.

Dass du dafür gelobt wirst.
Dass du widerstandsfähiger sein wirst.
Dass du das innere Seil aller Dinge bist —
die Wahrheit,
das Gefühl,
die Berechnung des Seins.

Ich mag Menschen, alles in allem.
Aber es läuft nie so, wie man denkt.
Die Leute saugen.
Die Leute saugen alles auf.
Die Energie breitet sich aus wie die Pest.
Jeder will etwas von dir.
Niemand will dir etwas geben außer billigen Worten,
billigem Zeug,
billiger Bedeutung.

Und alles wird zu einem Haus der Domestizierung,
beworben neben einem Straßenschild,
das um Spenden für Jesus bittet.

Dann, während du in deinem Kreis weiterschreibst,
beginnt dein Stolz in Reihe:
Hast du schon geweint?
Solltest du?
Wirst du deine Kontrolle verlieren, um noch mehr zu ertragen?
Und ist mehr wirklich ... besser?

Es wird nicht sein.
Es war es nie.
Es wird es nie sein.

Selten werden wir erinnert.
Aber wir tun so, als wären wir alle unsere eigenen Zuschauer,
laurend, wartend,
als würden wir, wenn wir den Moment verpassen,
die Welt verpassen.

Jeder ernährt sich von dem Gedanken,
dass er bemerkt wird,
auch wenn er es nie wissen wird.
Wir leben in einer Illusion
aus Ruhm, Prestige und Überfluss.

Aber wir sind keine Modelle.
Wir sind keine Helden,
keine Heiligen.

Wie kann jeder an seiner Tiefe arbeiten,
wenn er keine hat?

Innerhalb der Supersättigung von vorsortierten Appetithappen
nähren wir uns unter der falschen Darstellung der Dinge,
und der goldene Glanz der Gesellschaft glänzt nur dumm.

Ein goldenes Gürteltier also.
Alles geschnitten und eingerahmt am Ende.

Aber wir wollen besser werden.
Und wenn wir essen, wollen wir besser essen.
Und wenn Licht heller wird,
wollen wir, dass es hält.

Und das ist, wenn wir beginnen,
uns in goldene Rüstung zu verwandeln.
Berechnend, vielleicht.
Sinnlos, sicher.

Aber irgendwann werden wir das Goldene Gürteltier.

Doch Erleuchtung ist nie gekommen,
ungefragt, ungeschrieben,
unpraktiziert.

Die Schatten der Größe haben übernommen.
Die Rüstung glänzt.
Licht.
Kleidung.
Gesichter —

vermischt mit der sprudelnden Falle
von Marketing,
Positionierung,
Entertainment.

Traurig:
Der ehrlichste Körper wartet, um klar zu sehen,
aber die Leinwand war nie leer.

Sie war immer vorgezeichnet,
so wie sie sein sollte.
Musik.
Körper könnten singen.

Und Sicherheit erscheint,
nicht als Erlösung,
sondern als Vertrauensbruch.

Er ist wiedergeboren.
Sein Körper leuchtet.
Sein Lächeln ist gefroren.

Sein Partner:
Sein leichtes Lächeln;
Kleider, die mit gezackten Zähnen lachen,
eine Darbietung der Handfläche,
getäuscht vom darstellerischen Monster der Mittelmäßigkeit.

In der Nähe zu sein,
mit den Gegenstücken nebenan,
die Straße entlang,
in der Stadt,
auf dem Land,
in der Welt.

Alle, die sich in Wahrheit nie kreuzen.

Während wir in der Nähe leben
von jemandem, der doppelt so nah steht,
anstatt den Ärger an seiner Stelle zu tragen.
Besser, sie hätten das Wort getanzt,
bevor sie es hätten sagen können.

Aber wir strecken unsere goldenen Hände aus.
Füllen unsere Tage mit oberflächlichen Gesprächen
über Feiern, die andere hatten oder nicht —
aber nie darüber, was sie tun sollten.

Die Tassen unseres Geschwätzes, blablabla,
kommen nicht aus dem Klang unseres Eifers.

Nein.

Sie stammen aus den oberflächlichen Ausschnitten
dessen, was wir nachahmen, imitieren,
und wiederholen als unsere eigene Originalität.

Durch stilles Leiden,
trägt jeder von uns den leeren Krug zur Quelle.
Die leeren Namen, die wir prahlen,
als wäre es geschehen.
Und wir sagen, wenn wir dazu aufgefordert werden,
wir sprechen mit Unoriginalität.

Ich könnte.
Ich könnte.
Wenn nur ... denke.

Die Phrasen, die unser unaufhörliches Wesen antreiben,
rühren den schwachen Zyklus der Originalität,
der vielleicht aufblühen könnte.

Wir wünschen, lebendig zu sein,
wie ein Skelet, das den Hauch des Todes schenkt
den Lebenden unter uns.

Selbst mit diesen Reflexionen
segeln wir von den Küsten,
zurück in den Mainstream.

Im Glauben, dass wir gemocht werden müssen.

Doch Reputation ist eine Art Reichtum,
und das Lächeln unserer Seele
hat uns immer eine einzige Gnade gewährt: Bestätigung.

„Ich meine, du weißt schon."

Wir verfallen der Vorhersagbarkeit,
dass wir mehr sein könnten.

Mehr — für wen?

Wer weiß.

Wie elend unser Leben wird,
wenn wir wollen, dass andere es als gültig ansehen.

Vielleicht verstehe ich es nicht.
Du könntest sagen, ich liege falsch.
Vielleicht ist das so.
Trotzdem tummle ich mich auf dem Weg.
Oder vielleicht siehst du klarer.
Vielleicht hältst du es für richtig, wie wir alle.

Außenlob definiert uns nicht,
es sei denn, es war immer so gedacht.
Diese verdammte Hülle — sie schützt uns.
Aber sie tut es nicht.
Sie ist schwer,
delikat,
und berechnend.

Zwingend, zuletzt.
Einbezogen um des Einbezogenseins willen.

So roh wie der blanke Rücken
unsere Haut,
kratzen wir daran,
bis wir uns einreden, sie sei glatt.

Aber sie ist es nicht.
Sie ist fleischfressend.
Sie ist heilig.

Sie ist eine Erinnerung an unsere Natur, die wir nicht sehen wollen.

Und so bleiben wir —
nicht nackt,
sondern eingehüllt in unsere eigene Rüstung,
unser eigenes vergoldetes Grab.

Entlang der Pfefferkornstraße

Die Wahl in dieser Sache
verschiebt sich entlang der Pfefferkornstraße.

Gepunktet und gestrichelt
von den Sprenkeln hochfliegender Ideale—
ausgetrocknet vom Schotter,
der sich an dem reibt,
für den wir uns einst hielten.

Das Vergnügen lässt nach,
in dem Moment,
in dem wir nach mehr verlangen.

Doch wonach?

Was wesentlich war,
wird vorübergehend—
ein so direkter Angriff,
wie wir ihn uns wünschen,
den wir jedoch nicht mehr brauchen.

Selbst das Verlangen
hat eine versperrte Sicht.
Die eigentliche Würze
liegt in Abstraktionen.

Bis klar wird,
dass sie willkürlich sind—
bedeutungslos,
bis wir entscheiden,
dass nichts anderes zählt.

Der Stich unserer Spontaneität
ist nie spontan,
rückwärts verwoben.
Erst durch
den Spott der Zeit—
eine Katakombe aus Erfahrung,
berstend vor Zorn—
gehört es schließlich uns.
Wir verweigern nichts.

Das Ungelöste bietet Sicherheit;
wenn man es einmal gelöst hat,
was bleibt dann noch zu tun?

Drama ist wie eine Droge.
Ich bin süchtig danach.

Kein Gleichgewicht

Im Leben
gibt es kein Gleichgewicht.
Etwas Erfolg,
mehr Scheitern.

Alles dazwischen
ist transaktional.
Es ist entweder das,
oder was davon.

Es gibt Beweise zu berichten,
oder Potenzial zu bewerten.

Wenn man nichts anbietet
außer seinem eigenen Missverständnis,
rattert es wie stählerne Zähne,
reißt an
einer Geschichte,
einem Lied,
einer Erinnerung.

Und im Nachhall dieser Momente
wird das Staunen zu einem Strudel,
ein wirbelndes Gefühl der Freude —
Denn Entdeckung
ist die unverbundene
Natur der Ausrichtung.

Es liegt allein beim Schöpfer,
der findet,
was immer es ist,
was immer es sein könnte,
was immer das war,
was er gar nicht kannte
im ersten Moment.

Prost, Nacht

Auf blaue Himmel, die zurückblenden.

Auf Fremde, die zu Freunden werden,
und Freunde, die zu Fremden werden.

Auf unglückliche Außenseiter,
die selige Biere trinken
über durchnässten Bierdeckeln.

Auf Königinnen, die den Mond anheulen,
während Prinzen
in geduldiger Bewunderung zusehen.

Auf zerschlagene Füße,
zufällige Begegnungen
und unerwartete Spaziergänge um 3 Uhr morgens.

Auf die Nacht.
Auf die nächste Nacht.
Auf das Licht, das diese Nacht nimmt.
Auf jede Nacht.
Auf die Nacht.

Genau wie der Wind,
blasen dich die Menschen um.

Kampf

Ich bin an einem Punkt angekommen, an dem ich es nicht mehr muss,
doch Sicherheit fühlt sich fremd an.
Schon das kleinste Hindernis bringt mich aus der Fassung.

Ich kämpfe aus Gründen,
die andere nicht verstehen —
meine Freunde,
meine Freundin,
mein Chef,
meine Familie.

Die Aggression wächst.
Sie terrorisiert meinen Geist.
Manchmal bringt sie mich zum Weinen —
ein aufsteigender Vulkan,
roter Sirup, der aus meinen Tränenkanälen sickert.

Ein brennendes Streichholz flackert vor mir.
Alles, was ich tun müsste,
ist, es auszublasen.
Aber ich beobachte es.
Der geschwärzte Docht wächst,
der Streit erlischt,
und ich warte auf den Moment,
in dem das letzte Licht noch lebt.

Da ist Gelassenheit in der Dunkelheit.
Sie ist wild.

Die ganze Zeit habe ich Angst, entblößt zu werden.
Niemand merkt, dass es passiert ist.
Sie lächeln.
Ich lächle zurück.

Versteckt hinter den Zeiten,
in denen Kämpfen die einzige Option war —
kehre ich zurück.

Manchmal ist es einfacher,
wieder die Person zu sein, die man einmal war.

Ich liebe Geld,
aber ich hasse es, dafür zu sorgen.
Ich liebe es zu trinken,
aber ich hasse den Kater.
Ich liebe Frauen,
aber ich hasse den Herzschmerz.

Reiche Mädchen

Reiche Mädchen machen sich keine Sorgen um die Miete.

„Wie zahlst du die Miete?"
„Ich nicht."
„Wer dann?"
„Meine Großeltern."

Sie trödeln durch die Woche,
Babysitterjobs werden zu bezahlten Freundschaften.
Masterabschlüsse treiben ab in einwöchige Reisen
nach Frankreich, Spanien, Maui.
Eine Abschlussarbeit, verschluckt von Matcha beim Brunch —
„Ich schätze, das ist meine Leidenschaft.
Ich weiß nicht mal, ob es das wert ist."

Wie ironisch ist der Wert eines reichen Mädchens?

Reiche Mädchen heiraten reiche Jungs.
Diese Jungs sind besessen von ihren reichen Mädchen.
Die reichen Mädchen lieben es,
hassen es,
leben damit.

Aber reiche Mädchen mögen Typen wie mich.
Rau und kantig.
Die Sorte, der's egal ist, ob sie da sind,
egal, wenn nicht.
Sie wollen immer gewollt werden.
Sie ertragen meine Gleichgültigkeit nicht.

„Warum bist du so?"
„Jeder andere steht total auf mich!"
Ich zucke mit den Schultern.
„Ist schon gut, Baby. Komm her."
Ich küsse ihre Stirn,
den Punkt der Entschlossenheit —
genau wie ihr Daddy es früher getan hat.

Aber was ich denke, ist viel anders.
Denn wenn sie da sind, verliere ich Schlaf —

unterhalte jemanden, dessen Leben
auf sofortiger Unterhaltung gebaut ist.

Reaktion, Reiz,
während sie selbst sehr wenig bieten.

Ein kurzes Drama, in einem Augenblick erledigt
oder hervorgeholt, wann immer es passt.
Wie erbärmlich, Melodrama zu erschaffen
aus bloßer Langeweile.

Und wenn sie weg sind,
schreibe ich über sie.
So wie jetzt.
Weil sie mich auf eine andere Weise faszinieren.
Nicht ganz so —
klar, wir ficken.
Reiche Mädchen sind sexuell offener,
vielleicht befreit durch die Tatsache,
dass Fehler lösbar sind.
„Noch keine Babys für mich."
Da sind wir uns einig.

Was mich zu reichen Mädchen zieht, ist etwas anderes —
ihre seltsame Entschuldigung, zu leben.
Kein wahres Verlangen jenseits der Distanziertheit.
Sie bauen nichts. Sie tun einfach.
Manövrieren durch gesellschaftliche Szenen,
finden nie, was sie suchen.
Wie könnten sie auch?
Sie bekamen immer alles, was sie wollten.

Sicherheit ist eine Autobahn mit bemalten Linien.
Überleben ist Schlaglöcher, Geröll, zerbrochener Boden.
Reiche Mädchen mögen die Idee vom Überleben,
ziehen aber die Bequemlichkeit glatten Pflasters vor.
Sie bleiben gebunden an den Lebensstil, den sie verachten,
tretend und schreiend durch ihre Vergnügungsfahrt.

Sie wünschten, sie wären elend —
um ein Trauma zu tragen.
Etwas, das sie definiert.
Aber Menschlichkeit ist nicht das, was sie verwirrt.
Es ist, dass sie ihr nie ins Auge sehen mussten.
Sie werden es nie.
Sie wüssten nicht, wie man es erträgt.
Ich schon.

Und sie wollen, was sie nicht haben können.
Und genau das bekommen sie nie:
einen echten Kerl, roh, formbar.
Im Gegensatz zu ihrem Ballast,
bleibe ich frei.

Und doch, manchmal Funken.
Skurrile Momente —
nackt auf einer Couch sitzen,
eine Schüssel M&M's, heiß aus der Mikrowelle,
einen Picasso-Dokumentarfilm ansehen.

Da sind reiche Mädchen ruiniert.
Denn all das Geld der Welt
kann sie nicht arm machen.
Sie würden sich nie für dich krumm machen —
aber in seltenen Momenten tun sie es.
Und in diesen Momenten sehen sie, wie es ist.

Aber trotzdem —
Freiheit hat ihren Preis.

Wenn wir nur die Relevanz sehen,
vergessen wir, woher sie stammt.

Keine Reue.
Nur Erinnerungen, Momente und Vielleicht.

Anatomie des Zweifels

Ein einsamer Mann
erlaubt sich zu denken.
Ungewissheit berauscht seine Seele.

Er baut ein Ökosystem
aus Chaos und Ablenkung —
Fäden, lose gelassen.

Der Druck steigt
hin zum unvermeidlichen Ende —
überflüssig im Rückblick,
doch erhaben gebaut
auf Verliebtheit,
auf Angst,
auf der Einsamkeit
dessen, was er vielleicht enthüllen könnte
oder nie beim Namen nennen wird.

Die Tugend des Risikos

Die Konsequenz, sicher zu sein,
ist, sicher zu bleiben.
Und das stimmt nie überein
mit Risiko.

Risiko ist die einzige Tugend,
die ihrer Sünde wert ist.

Manchmal ist es gut, wenn man wie die Hölle aussieht.

Hinweis zum Datenschutz

Der Typ sagte mir, sein Nummernschild sei aus Pennsylvania.
Ich sagte: „Du wohnst in Pennsylvania?“
Er sagte: „Nein, ich wohne in Connecticut.“
„Warum dann das andere Schild?“
„Privatsphäre“, sagte er.
„Bullen halten keine auswärtigen Schilder an.“

Ich dachte,
Was für ein Arschloch.

Welche Privatsphäre braucht er?
Welche Geheimnisse schützt er?
Welche große Geste rechtfertigt diesen Mantel der Unsichtbarkeit?

Niemand will dich kennen.
Niemand will in dein Leben eindringen.
Warum auch?

Was hast du getan, das so großartig ist?
Welche Last trägst du,
die Schutz vor den Augen der Welt verdient?

Liegt die wirtschaftliche Infrastruktur
des Landes in deinen Händen?
Du kannst kaum für Benzin bezahlen.

Aber sicher,
wechsel die Kennzeichen,
plane deine Privatsphäre,
zeichne deine Anonymität.

Was für eine großartige Zeitverschwendung.
Alles im Namen der Privatsphäre.

Privatsphäre,
der Monolog der Stille
für jemanden, der verzweifelt gehört werden will.

Sie bauen Geschichten aus Zwang,
nur um ihre Ausflüchte zu erklären,
entblößen ihre eigenen Pläne
vor jedem Dummen, der zuhört.

Jemand, der bereit ist zu hören.
Jemand, dem es vielleicht wichtig ist.
Jemand, der den Kampf
des großen Datenschutzkriegers bestätigen könnte.

Wenn du Privatsphäre willst,
warum bist du dann nicht in einem dunklen Raum,
umgeben von Pissflaschen,
wöchentlich geleert von einem Typen, dem alles egal ist?

Schick Briefe zu Fuß.
Keine Briefmarken.
Triff Menschen persönlich.
Keine Telefone.
Benutz Bargeld.
Keine Kreditkarten.
Verhungere.
Kein Drive-thru
um Mitternacht mit Burger, Pommes und Shake.

Überall Kameras.
Quittungen, an deinen Namen gebunden.
Wenn sie dich finden wollen, werden sie es tun.

Es gibt keine Privatsphäre.
Keine.

Und diejenigen, die sich am meisten bemühen, sie zu bewahren,
werden oft am meisten bemerkt.

Während der Rest von uns,
die wir unsere Seelen entblößen,
die versuchen, etwas Anständiges zu schreiben,
uns anhören dürfen: Halt die Klappe.

Zu beschäftigt,
zu laut,
während sie irgendeinem Typen zuhören,
der prahlt, wie er sich dem System widersetzt.

Pennsylvania-Schilder auf seinem Silverado.
Aber er wohnt in Connecticut.

Ärzte sind keine Geschichtenerzähler

Ich nenne Ärzte
die produktivsten Rezitatoren des Wiedergekäuten.

Sie haben nichts entdeckt.
Sie sagen nur, was längst bekannt ist,
schon da war —
doch nehmen es als ihres.

Sie können meine Rolle nicht begreifen;
ihnen wurde beigebracht, dass es unmöglich sei.
Aber ich schreibe einfach besser.

Ärzte sind keine Geschichtenerzähler.
Sie sind Reporter.

Sie berichten über die natürlichen Phänomene der Biologie —
was vor ihnen da war,
was mit ihnen da sein wird,
was auch nach ihnen da sein wird.

Langsam im Start,
schnell, den Ruhm zu greifen —
ein Allzeithoch bei meinen Ärzten.
Eine Art, das zu rechtfertigen,
was sie studiert haben,
definiert durch die Grenzen ihres Grades.

Die eine Note, die sie umklammern,
auch wenn Glaubwürdigkeit versagt,
in dem Moment, in dem man sie ihnen reicht.

Sie verlieren Antrieb,
weil sie ihn verbraucht haben —
nur um zu sagen, das Potenzial gehöre ihnen.

Doch wenige widerstehen dem Zögern.
Nur jene werden zu Göttern mit dem Skalpell.
Die meisten schneiden sich frühzeitig ab.

Sie werden lieber bestätigt
als herausgefordert.
Das ist mein Grund, nehme ich an,
den Anschein von Klugheit zu erwecken.

Zeile für Zeile
räum' ich den Müll weg,
verwandle ihre Worte in Wunder.
Die Leute sehen sie als Genies,
und mich —
sie würden's nie glauben.
Weil sie's sonst nicht glauben könnten.

Fünfzehn Jahre, fünfhundert Veröffentlichungen,
und alles, was ich bekomme —
„ein guter Organisator."

Zu ihnen sagt man: „Wie klug Sie sind, das zu schreiben."
Und was ist Klugheit überhaupt,
außer Erlaubnis von anderen —
meist Gleichgesinnten,
nickend in unsichtbaren Hierarchien.

Nicht die Anerkennung macht mich traurig,
sondern die Wahrnehmung, die ihnen geschenkt wird,
locker verdrahtet an ihre Namen auf einem Manuskript,
eine Erklärung ohne Schöpfung.

Nein — was mich ärgert,
ist der Missbrauch von Begriffen.
Sie sind keine Genies.
Genie wartet nicht auf Anerkennung.
Genie klammert sich nicht an Titel.
Genie endet nicht an den Grenzen eines Abschlusses.

Doch Genie hört nie auf.
Es ist zu beschäftigt mit dem nächsten Projekt,
dem nächsten Papier,
dem trostlosen Versuch, Kunst zu erschaffen.

Bedeutung entsteht aus Konflikt —
der wahre Test des Genies.
Aber es gibt keine Genies.
Es ist nur ein Vorwand, den wir schnell vergeben.

Also, wenn du eine wissenschaftliche Arbeit schreibst,
bleib bei der Studie —
nicht bei dir selbst.

Ballons für die Banalität

Fade Ehrungen des Größenwahns
werden weiter geworfen
für bescheidene Vorstellungen
von Mittelmäßigkeit.

Was für ein Mangel an Menschlichkeit,
Seelen reduziert auf einen Gag.

Und wofür?
Eine Tat.
Eine Reaktion.
Eine Intrige zum Vergnügen.

Ein Typ sitzt in der U-Bahn
mit einem Mikrofon,
und plötzlich
ist er jemand, dem man zuhören muss.
„Ich stimme zu."
„Ich stimme nicht zu."
Das Ah und Oh der Stumpfheit.

Wir sehen die Welt als bedeutungsvoll,
wenn wir jung sind —
dass wir Einfluss haben werden,
dass wir beitragen werden.

Wir glauben, das Jetzt
müsse mehr bedeuten
als das, was zuvor kam.
Also greifen wir nach der Gegenwart,
Hälme, gezogen in hektischer Eile.

„Es muss etwas bedeuten!"
„Es ist anders, weil ich es bin."
„Es ist unsere Zeit."

Doch später sehen wir,
wir haben sehr wenig getan.
Verschwendete Gelegenheit,

Einsamkeit nötig,
Akzeptanz suchend
von jenen, die sich selbst nie akzeptiert haben.

Und dann werden wir müde der Jagd.
Wir bluten zuerst leise —
unbemerkt.

Dann saugt es uns aus.
Wir gehen mit kaum Leben übrig.

Wir wenden uns Ablenkungen zu.
Wir trinken.
Wir nehmen Drogen.
Wir betrügen.
Wir tun all die Dinge,
von denen wir schworen, sie nie zu tun.

Und wir tun sie mit Rechtfertigung —
als hätten die Flüstern des Morgens
uns gesagt, wir hätten keine Chance.

Doch wir spielen unsere Rolle.
Lächeln auf Kommando.
Zustimmend,
unkenntlich
unseren früheren Selbst.

Wir überzeugen uns selbst,
überzeugen andere,
dass das, was wir tun,
das ist, was sie tun sollten.

Die Herde grollt
lauter als jede Büffelstampede.
Die Kluft zwischen Träumern und Machern
schrumpft auf nichts.

„Geringe Chance", sagen sie.

Wie grausam es wird,
wenn die Visionen von gestern
zu den entschwundenen Träumen von heute werden.

Wie der Stein ohne scharfe Kanten.
Wie der Pfeil ohne Spitze.
Wie die Waffe ohne Kugeln.

Das Kartenhaus stürzt ein.
Ein fehlendes Teil
und unsere Innereien ergießen sich —
klatschen auf den Tisch,
Blut trocknet,
bevor es sich sammelt.

Denn das ist das größte Problem, dem wir uns stellen:
das Konzept der Kapitulation.
Und wir verkleiden es als Sieg.

Das ist der schlimmste Ort, an dem man sein kann —
wo du deiner eigenen Angst applaudierst,
Scheitern als Hingabe verkleidet,
Applaus kommt
wie langsame Akzeptanz.

Unsere Farbe mag leuchten,
doch sie trocknet wie Farbe.
Sie verblasst mit der Saison.
Wir haben Glück,
wenn wir je einen neuen Anstrich bekommen.

Versprechen wird schneller Gegenwart,
als es sollte.
Anstatt zu widerstehen,
sinken wir in den Standard.

Einst hielt eine Schnur unseren Ballon,
doch wir fürchten uns, aufzusteigen —
ängstlich, nicht genug erreicht zu haben.
Also schmerzen wir allein —
unsicher,
unfähig,
unwirklich.

Und wir können nicht anders,
als erleichtert zu sein —
die traurigste Erleichterung,
nicht mehr gebraucht,
nicht mehr atmend
im Spektakel.

Wir warten auf die Nadel.
Ein Stich.
Luft weg.
Endlich.

Die Ballons der Banalität
driften davon,
leer,
verschwunden.

Scheitere tapfer, mit Lachen und Demut,
damit der Himmel vor Wut rot glüht
und sich vor Staunen schwarz färbt.

Ihre Stimme war wie eine Feder,
die den Wind
genau richtig einfing
und für immer weiter trug.

Unter ihnen, doch nicht von ihnen

Ich habe mich immer gefühlt,
als würde ich nur beobachten.

Ich beobachte Menschen,
Orte,
Begegnungen —
ihre Sorgen,
ihre Freuden,
ihre Wünsche.

Immer beobachtend.

Das Schwierige daran ist,
dass ich mich immer fehl am Platz fühle,
selbst wenn man mich willkommen heißt
mit offenen Armen.

Ich bin nicht standfest,
also sehe ich lieber zu.
Ich finde es interessanter so.

Und ich frage mich —
werde ich je dazugehören?

Reibung ist der Grund, warum Feuer lodert.

Süßblatt

Ich sah mein bestes Selbst
in ihren braunen Augen.
So, wie ich immer gehofft hatte,
gesehen zu werden.

Ich hielt ihre Hand danach anders.
Drückte sie leicht.
Als wollte ich sagen,
wir könnten einander tragen.

Unser erster Kuss war kein Trick.
Kein Spiel,
kein Flirt,
keine Verzweiflung.

Er war Glaube.
Ein Stolpern in Richtung Vertrauen.

Erste Dates schenken einem das selten.

Aber manchmal
trifft der Schlag,
Funken springen,
Feuer schießt durch dich,
und die Vergangenheit bricht ein.

Sei bereit, wenn es passiert.
Für immer wartet nicht.

Man kann nüchtern sein
und trotzdem betrunken werden.

Bekämpfe sympathische Ignoranz
mit subtilem Genie.

Billige Essstäbchen

Der Verstand einer Frau
ist ihr Dilemma —
wankelmütig wie billige Essstäbchen,
die unter ihrer eigenen Falle brechen.

Sie sucht Stabilität im Inneren,
doch sehnt sich nach Chaos draußen.

Empfindsam, weil sie gefangen ist.
Verführerisch, weil sie nicht entkommen kann.
Düster schön, weil Geheimnis stets zurückbeißt.

Jahreszeiten in einer Schale

Es ist ein erstes Date.

Das russische Mädchen ist atemberaubend.
Doch ich bemerke die Schale mit Reis
mehr als sie,
die zwischen uns steht.
Der Reis dampft,
doch die Körner,
von Weitem,
sehen aus wie kalte Schneeflocken,
geformt zu einer schrägen Schale —
grau, glänzend, zufrieden.

Und der Reis erinnert mich
an Winter in Maine —
einen Tagesausflug
mit einem Freund vom College,
der sich das Schlüsselbein brach.
Die Skistreife kam,
fuhr uns hinunter ins Tal,
packte ihn ein.
Ich fuhr uns heim.
In jenem Jahr
war die Saison
verkürzt.

Ich denke oft daran —
oder an jede Saison,
die wir verpassen,
wo etwas anderes —
selbst ein Unfall —
den Vorrang bekommt.

Und ich denke an diese Frau mir gegenüber,
und daran, dass ich unsere Saison nicht verpassen werde.
Wer weiß, wohin es führt,
wie zweifelhaft unser Zauber klingt,
wenn wir durch Hemmungen sehen.

Sie fragt mich, was mein Lebensmotto ist.
Ich sage ihr: Gib dich hin zuerst, überzeug später.
Sie lächelt.

Sie denkt an all die Male,
in denen sie es nicht tat.

Dann sagt sie:
„Willst du etwas Reis?“

Und ich sage:
„Du musst mich nicht überreden.“

Die Qual des Gewöhnlichen

Ich will unter Menschen sein, die böse sind.
Nicht die, die bösartig sind — nein.
Sondern die, die interessant sind.

Oft verlangsamt sich die Geschwindigkeit des Lebens
zu einem blassen Grau.
Ein Sicherheitsnetz aus Gitterwerk,
der Käfig der Konformität.
Gefüttert mit Resten —
hungrig nach Gewöhnlichkeit.

Sie sagen, sie wollen etwas,
doch was Außergewöhnliches haben sie gebracht?

Nichts, meistens.
Falsche Versprechen.
Nicht einmal eine Lüge.
Zumindest lügt eine noch.
Aber die Tech-Firma,
die Steuerkanzlei,
das Karussell der Zinsraten —
das ist keine Sensation.

Und doch bettelst du darum, dass dich jemand begeistert.
Aber du bist nicht aufregend.

Bei Microsoft zu arbeiten? Nicht aufregend.
Diese Leopardenleggings von Instagram? Nicht aufregend.
Das Tattoo aus Costa Rica vor fünfzehn Jahren? Nicht
aufregend.

Was aufregend ist, ist Neugier.
Projekte schützen sie.
Sitzend an der verdammten Tastatur,
während du dein Inneres ausschüttest, bevor es verfault.
Zeig es uns.
Erzähl es nicht.
Schöpfungen geben selten Antworten,
aber sie tragen zumindest einen Grund.

Brenn ein Loch durch unser Hirn.

Frauen sagen, sie wollen einen Typen,
der heraussticht,
doch meist fällt er zu kurz —
genau wie sie.
Träumend vom Potenzial,
endlose Gespräche darüber,
was man tun könnte,
wenn man es wirklich wollte.

Frauen bereiten sich auf den Abschied vor —
gerade wenn die Arbeit getan ist,
wenn er sie am meisten braucht.
Wenn seine Qual nachlässt,
fühlt sie sich kleiner als die Arbeit selbst.

Also geht sie.

Sie findet jemanden Sichereren,
zurück auf das Mohnfeld des Potenzials.
Bis sie einen Versager findet,
der seine Träume nie erfüllt.
Dann — oops. Ein Kind. Ein Hund. Ein Haus.
Nun lässt sich nichts mehr tun.

Und das soll anders sein?

Wie weit kann uns ein Lachen tragen,
wenn es uns weiter wegstößt,
unser innerer Verrat
sich im eigenen Sieg sonnt.

Verdammt.
Sesshaft.
Gerettet vor der Vergessenheit.
Der hohle Traum,
ein tropfender Wasserhahn —
Dasein getauscht,
Schritte wiederholt.

Wie gehorsam man wird,
wenn man merkt, dass Seltenheit vergangen ist.

Statt zu gestehen,
versuchen sie, uns in sich selbst zu verwandeln,
um zu bewahren, was sie geworden sind,
und jene zu töten, die sie einst waren.

Also revoltieren einige von uns.
Wenn keine Stimme bleibt, kein Ausweg,
wenn man niemanden von seiner Art zu leben überzeugen kann,
bleibt nur das Schreiben.

Zumindest dann
hast du einen Drachen getötet.
Ein stiller Sieg
inmitten ihrer Langeweile.

Sie wollen gehört werden. Sie fordern es.
Sie lieben den Klang ihrer eigenen Stimmen,
obwohl Schweigen alles erklären würde.
Erbrochen in die Leere,
klammern sie sich an Routineleben.
Hetzend. Erschöpft.
Hingabe zur Schau stellend —
Kindergeburtstage,
Tage im Zoo,
Kekse in Plastikfolie —
perfekte Leben im Neonlicht.

Kein Platz zum Sitzen, Schlafen oder Schweigen.
Ein splitterndes Geräusch, das anderen auferlegt wird.
Als wäre es je richtig gewesen,
den Weg des Gewöhnlichen zu gehen.

„Eine beeindruckende Entscheidung, die wir getroffen haben."

Wirklich?
Ich bin mir nicht so sicher.

Das Gewöhnliche ist Qual.

Wenn du in der Schwebe lebst, hast du keinen Einfluss.

Plastiktüten in den Ästen

Die Waren beschweren uns —
stabil, instabil,
bereit zu reißen, ohne Vorwarnung.

Wir fügen mehr hinzu.
Wir nehmen mehr.
Wir sehen weniger.

Der Anfang ist flach,
die jüngsten Höhen —
bis alles sich verdichtet.

Gezogen an unserem Griff,
reißt das Gummi.
Alles ist weg,
liegt verstreut auf dem Gehweg —
und es ist das schönste Gefühl, das wir je hatten.

Der Druck zerreißt,
das aufsteigende Minderwertgefühl schwindet.
Die Luft hebt uns an.

Fliegend verfangen wir uns im Ast —
verdreht, verheddert,
unsere Fasern gespannt.

Der Ast wartet darauf, loszulassen,
so wie wir —
schon einmal davor.

Bis wir frei sind zu fliegen,
ohne Fäden, die uns halten.

Finde deine ewige Zuflucht
jenseits des Alltäglichen.

Ich weiß nichts –
das weiß ich ganz sicher.

Die brennende Finsternis

Raucher sind Risikoträger.
Sie zünden sich an,
wissend, dass mit jedem Zug
der Tod ein Stück näher rückt.

Vielleicht haben sie's längst verstanden —
der nächtliche Alkohol,
die purpurnen Schatten unter den Augen,
die Geister des Nachtlebens,
die Versammlung
um eine sterbende Flamme.

Rausch und Schauspiel.

Das Leben fühlte sich nie so tief an,
so groß,
so aufregend.

Vielleicht hat der Raucher
alles begriffen.
Ich wünschte, ich hätte.
Ich wünschte, irgendwer hätte.

Sandstürme in unserem Geist

Ruf ist ein Phantom im Sand —
ein Geist, zu dem wir von Geburt an werden.

Wie schnell wir vergehen,
betend zum Dünenfresser —
zielend auf ein imaginäres Ziel,
das sich um uns schließt.

Wir glauben an die Illusion,
alles für die Jagd nach Eitelkeit.
Rückwärts sickern wir aus dem Leid,
fliehen hastig vor dem Dasein,
bevor wir verurteilt werden
und von den Zähnen der Menge zerrissen.

Aber wir nehmen es hin.
Entmutigt von irgendeiner Spucknapf-Gestalt —
besser im Fleisch verstümmelt
als im Geist eingemauert.

Trauma zementiert unser Chaos —
ein unbewegliches, sicheres Gesicht,
eine Sandburg, die nie das Meer erreicht.

Verantwortung posiert;
wir schieben sie weiter —
zu anderen im Umlauf,
zur künstlichen Intelligenz,
unserem standhaften Sündenbock.

War es nicht immer
jemand anderes schuld?
Wenn das wahr wäre,
warum beten wir sie dann noch an?

„Nicht wir, auf keinen Fall."

Warum zurückweichen,
immer wieder,
vor dem Phantom im Sand?
Wir entfernen uns von der Wahrheit
wegen des Monsters.

Drinnen platzen wir.
Draußen — blass wie der Geist —
eine leere Leinwand,
die leer bleibt.
Keine Farben zum Fingerzeichnen.
Würden wir's versuchen,
unsere Hände wären nur voll Sand.

Mehr Stimmung.
Weniger launisch.

Nichts vergeudet

Vermüll nicht den Geist.
Verschwende nicht die Illusionen,
die du versuchst,
in Wirklichkeiten zu verwandeln.

Einst war Erfindung Fantasie.
Der Narr, der es wagte, wurde zum Flieger.
Wilde Männer und Frauen glaubten an Flügel.

Vermüll nicht den Wunsch.
Verwirf nicht den Traum —
die Kraft, die nach Erkundung verlangt.

Die Straße ist voller Risse
für das aufmerksame Auge.
Details vertiefen sich
durch Aufmerksamkeit.

Folge ihnen
direkt in die verrosteten Zähne des Schicksals.

Ein Link durch eine Lücke

Manche von uns haben Verbindungen;
die meisten haben Schlupflöcher.

Manche werden Ärzte,
weil ihre Familien die Krankenhäuser besitzen.
Andere kratzen sich durch,
durch harte Arbeit,
bis diese Arbeit glänzt wie ein Juwel in ihren Augen —
dann wird sie uns entrissen,
noch bevor wir sie wirklich sehen konnten.
Und wir sitzen da,
auf der Suche nach dem nächsten Schlupfloch.

Die Verbundenen schwitzen nie.
Ihre Lebensläufe sind in Gold gestickt,
noch bevor sie ein Wort schreiben.
Sie treten in Büros,
nennen es Schicksal —
doch in Wahrheit ist es eine Blutspende aus Bestechung.
Ihre Fehler werden verziehen,
ihre Inkompetenz
heißt einfach „Potenzial".

Und wir, das Schlupfloch-Volk?
Wir bauen Leitern aus gebrochenen Brettern.
Unsere Verbindungen sind Nachtschichten,
Nebenjobs,
billige Miete in rattenzerfressenen Kellern.
Wir überleben mit Klebeband und Koffein,
vielleicht bis nächstes Jahr,
wenn wir Glück haben.

Für die Verbundenen bedeutet „Kampf",
ob man beim Firmenausflug Kaviar oder Hummer nimmt.
Für uns bedeutet Kampf,
dass die Stromrechnung am Freitag fällig ist
und der Chef sagt:
„Sei dankbar, dass du überhaupt hier bist."

Die Denker sitzen hoch in ihren Türmen
und machen sich Sorgen um ihre Worte —
um das, was dumm klingt,
was ihren Ruf beschädigen könnte —
als wäre Ruf selbst
nicht nur ein weiterer Erbstück-Mantel.

In der Zwischenzeit nennt man uns,
die Lückenfinder,
leichtsinnig,
verzweifelt,
verrückt.
Aber wir machen weiter —
durch Risse,
durch Hintertüren,
durch Räume,
die Verbindungen nie erreichen.

Und manchmal,
wenn man durch genug Schlupflöcher geht,
wird man selbst zur Verbindung.
Denn Schlupflöcher halten vielleicht nicht ewig,
aber sie gehören uns.

Und das genügt.

Wir brauchten nie Erlaubnis.

Hundescheiß-Eintopf

Wir haben mehr Probleme geschaffen,
indem wir versuchten, Lösungen zu lösen,
als tatsächliche Probleme zu lösen —
alles im Namen von jemandem,
der seine Ideale aufzwingt
als die bessere Art, Dinge zu handhaben.

Wenn es damals funktionierte,
warum nicht jetzt?
„Die Zeiten sind anders."
„Das ist der alte Weg."
„Das ist nicht neu."
Ausreden. Allesamt.

Die Wahrheit?
Wir sind einfach gelangweilt.

Wir denken, unsere Meinung zählt.
Wir denken nicht nach,
formen keine Gedanken,
grübeln nicht.
Wir sagen, was wir sagen,
bloß zum Spaß,
zur Unterhaltung.

Wir gieren nach Aufmerksamkeit,
nach belanglosem Beifall von Gleichgesinnten.
Wir glauben,
wir müssen mithalten.

Wir sind besessen von einem Zusammenbruch,
der nie passiert ist.
Wir erfinden Katastrophen,
um unsere Lösungen zu präsentieren,
alles im Namen des Retters.

Während wir das eigentliche Problem vermeiden — uns:
wer wir sind,
wer wir dabei werden.
Stur,
schreiend nach Unabhängigkeit.

Aber alles, was es ist —
eine Pose.
Vorgeheuchelt.
Wumms.

Eine Tasche voller Poser —
alle fallen sie um.
Nicht stark,
nicht mutig,
nicht kühn.
Zaghaft, launisch,
verzweifelt nach Erlösung.
Sie brechen zusammen,
sobald man ihnen sagt, was sie tun sollen.

Ertrunken im Hundescheiß-Eintopf —
Benzin hineingegossen,
aufgekocht zum Brennen,
in die Luft gejagt,
und irgendwie wieder rausgezogen,
für unser Wohlgefallen an der Ignoranz.

Wir klatschen es weg.
Wir vergeben uns selbst.
„Wir zählen", sagen wir —
doch wir tun's nicht.

Wir sind bloß Produkte —
Technologie im Griff unserer Psyche,
konzerngespülte Gehirne,
Verliererkultur getarnt als Einfluss,
Spaghetti-Sonntage,
Craft-Bier,
Gender-Reveals,
Krypto-Coins,
Instagram-Reels,
und ein kalter Brew von Dunkin'.

All der Dreck, den wir kaufen —
und wenn sonst nichts,
finden wir auch darin noch ein neues Problem.

Sprechende kopflose Reiter

Moralisches Urteil ruht nun
auf einer einzigen Messgröße:
Relevanz.

Und mit ihr
stirbt der Glaube.

Der Glaube an Gott —
einst endgültig,
nun verworfen,
verkauft wie ein Gebrauchtwagen.

Der Glaube an das Selbst —
Rebellion geschrumpft zur Konvention,
das Ich verblasst zur Gleichheit.

Der Glaube an die Gesellschaft —
Gemeinschaft als Ware,
Zusammenhalt als Inszenierung.

Die Technologie schleicht herein,
als ultimativer Ersatz.
Sie tauscht Lust gegen Macht,
predigt Kontrolle
unter dem Regime der Komitees.
Sie diktieren, wie, warum und wann wir handeln —
das Leben reduziert auf Andeutungen.

All das wächst
aus einem Hunger nach Erlaubnis.
Wir sehnen uns danach, gesagt zu bekommen,
was zu tun ist. Nicht Verlangen nach Freiheit,
sondern Zustimmung als Religion.

Doch Relevanz ist keine Kunst.
Kunst verlangt Konflikt —
nicht Gewalt,
sondern einen inneren Kampf.

Selbst wenn Einsamkeit zur Wahrheit führt,
ist sie das Warten wert.
Tempo ist unser Götze.
Nur Geduld macht uns frei.

Sonst
werden verlorene Seelen ausgelöscht,
weggeschmolzen
im billigen Glanz der Sichtbarkeit.

Es gibt Dringlichkeit fürs Jetzt —
auch wenn Wahrheit
Stille verlangt,
Jahreszeiten verlangt.

Warum also die Ungeduld?
Wegen des Beweises, dass wir existieren?
Weil wir gesehen werden wollen,
wie wir es immer waren?

So tief hast du nie gedacht —
bis jetzt.

Denn dein Leben ist geworden —
bequem, messbar, materiell.

Selbst Gesundheit wird abgekürzt —
eine Pille für Leistung,
nicht fürs Leben.
Körper geformt für die Schau,
nicht für die Stärke.

Und man sagt dir:
Das ist, wie Relevanz aussieht.
So sollst du aussehen.
So sollst du sprechen.
So sollst du denken.
So sollst du sein.

Bis der sprechende Kopf zusammenbricht.
Die Reiter galoppieren.
Eine Nation verfault in ihrem Chor.

Und wenn alle gezwungen sind, gleich zu denken,
wird der Außenseiter zuerst erschossen —
oder, am Ende,
er tötet sich selbst.

Größe beleidigt die Mittelmäßigen.
Also knebeln wir sie –
es sei denn, sie blitzt durch das Schlüsselloch der Empathie.

Blasen und Geburtstage

Der pinke Flamingo wackelte
unter der Weide in Brooklyn.

Kleine Jungen und Mädchen stellten sich gerade auf
während die Blasenmaschine kreiste und Kugeln wackeln ließ.

Jede fast am Platzen,
als sie durch Kindergesichter zogen.
Baguettes und Brie backten auf dem Picknicktisch.
Mütter und Väter erwarteten,
suchten nach einem Weg,
diesen Geburtstag zu machen—
einen großartigen Geburtstag.

Ich sah aus kurzer Distanz zu.
Die Schräge des grasigen Hügels
formte ein kleines Amphitheater um ihre Szene.

Die Blasen trieben an mir vorbei.
Ab und zu wich ich aus,
genau als die Piñata vorbeischwenkte
am Angriff des Dreijährigen.

Der Stock war höher
als selbst das größte Kind.

Der Zug der Kinder drängte
zum süßen Kern.
Und als der letzte Schlag den Flamingo spaltete,
zerstreuten sich die Zuckerkleinode.

Blasen platzten in Gesichtern
und verfingen sich in Haaren.

Eine Blase driftete auf mich zu,
langsamer als die anderen,
schwebend,
als fordere sie mich zum Pusten heraus.

Aber sie wollte nicht davonfliegen.
Sie landete neben mir,
hielt sich am grünsten Halm fest
ehe sie platzte.

Ich lächelte und dachte—
bis zur nächsten Piñata,
bis zur nächsten Blase,
bis zum nächsten Geburtstag.

Und so sind wir

Es gibt eine schmale Haltestelle in Dumbo,
der Knotenpunkt, der zur Brooklyn Bridge hinaufschaut.
Gleich um die Ecke vom Karussell,
außerhalb der kopfsteingepflasterten Straßen.

Es ist kurz vor Sonnenuntergang.
Nachtschichtarbeiter mischen sich mit Touristen—
die aus Battery Park oder Peking,
verstreut wie polierte Marienkäfer,
die um einen Platz auf der Fähre wetteifern.

Bald scannt der Angestellte Tickets.
Ein Ansturm auf das Oberdeck—
begrenzte Sitzplätze, begrenzte Aussichten,
begrenzte Erlebnisse.
Die Neulinge wollen alles aufnehmen.
Die Veteranen wollen einfach schlafen.

Sogar der ausgelaugte Banker kennt die Zeiten.
Die Schneiderin aus Astoria will nur nach Hause.
Eine Kellnerin denkt an ihren neuen Liebhaber
gleich außerhalb der Wall Street.

Die Fähre ist ein Relikt des Abenteuers,
ein flüchtiges Was-wäre-wenn des Verlorenseins auf See.
Aber diese Bürger eilen, um zu sitzen,
um auf ihre Handys zu starren, nach links zu wischen,
keuchen über irgendein Tanzvideo,
lesen einen Satz eines Artikels
und nennen es gut genug,
kommentieren mit einem Emoji,
fügen sich dem Moloch des neuen Zeitalters hinzu.

Dann ertönt das Horn—
die Fähre schneidet das Wasser
wie ein Messer durch Wassermelone,
Rinde mahlend, Saft spritzend.
Wir stoßen uns durch das Getümmel des Landes
in die Tiefen des Flusses.
Ratten auf Zement beobachten uns im Vorbeigehen.

Domino Parks alte Knochen,
die Zuckerfabrik, verwandelt in ein Fitnessstudio,
der Taco-Verkäufer winkt—
den ganzen Tag, jeden Tag,
kostenloses Marketing wie die Idiotenuhr,
die zweimal richtig geht,
obwohl die Zeiger
immer schneller drehen als die Zeit.

Und das Mädchen, mit dem ich zusammen bin—
ich weiß nicht, ob sie bleiben wird.
Unser Leben verwirrt die Romantik.
Alle Liebe ruiniert sich selbst,
indem sie versucht, sie zu verstehen.
Aber die Fähre denkt nicht,
das Wasser steigt auf dieselbe Weise,
wie es das immer tut.

Ein schwarzer Mann fragt, welches Gebäude da vorne ist.
„Das Empire State Building", antworte ich.
Eine einfache Antwort, aber schön zu wissen.
Vierzehn Jahre Miete
erkaufen sich das Recht auf Gewissheit.

Die Fähre stößt an,
Regen fällt, Tropfen rutschen von Kopf bis Fuß.
Das Nasse überall—starr, unnachgiebig—
doch wir bewegen uns.
Ein durchsichtiger Schlauch aus Nebel.
Ein Neonschild, das anderswo schwingt.
Aber nein—wir erreichen die 34th Street.
Die meisten steigen aus.
Wenige fahren nach Queens.
Wir tun es.

Der Schalter klickt,
wir verlassen wieder den Anleger.
Alles unter der sorgfältigen Aufsicht
eines Kapitäns—oder Steuermanns,
der sich an der Navigationssystemanzeige des Tages lehnt.

Jetzt ist Nacht.
Der Regen hört auf.
Dumpf wie Möwen,
die Zeit hat für uns gleich geblieben,
wie seit Jahrhunderten zuvor.
Siebzig Jahre, wenn wir Glück haben.

Doch die Technologie überdauert—
wie die Liebe,
etwas, von dem wir denken, es beginne mit uns,
aber schon vorher lebte
und danach weiterlebt.

Das Mädchen mit den dunklen Haaren—
vielleicht nur eine weitere verblassende Kaskade.
Oder vielleicht nicht.
Wir haben uns nicht entschieden.
Im Moment dröhnt der Motor,
wir fahren weiter,
wir küssen uns,
weil es etwas Schönes ist, das man auf einem Boot tun kann.

Die Lichter der Stadt entfachen alten Zauber.
Es wird nie wieder so neu sein, wie es jetzt für uns ist.
Also behalten wir es so.
Sie hält mich auf ihre Weise.
Ich halte sie auf meine.

Astoria, endlich.
Die Fahrt ist vorbei.
Und so sind wir.

Lebe jetzt. Stirb später.
Das wirst du sowieso.

Wilde Himbeeren

Alles, was wir haben, sind unsere Geschichten.
Bewahre sie auf. Kleide sie in Gold.
Erzähle sie jedem, der zuhört.
Denn Geschichten sind die Himbeeren des Lebens.

Es wird nie genug sein,
aber besser etwas als nichts.

Mit Gips im Gesicht

Was für ein leeres Leben wir führen,
wenn die Seele entblößt
und uns zurückverkauft wird
in kuratierten Fragmenten.

Performance verspritzt
wie eine außerkörperliche Tragödie,
die Hässlichkeit der Welt
spiegelt sich in Gesichtern, die wir einst bewunderten—
jene, von denen wir hofften,
sie könnten uns sehen,
mit uns sprechen
in Blick, Klang und Anmut.

Aber das tun sie nicht.
Sie taten es nie.

Das ist Kummer—
die Art, die deinen Wert zu Staub zermahlt,
dünn über das Gesicht des Neids gestrichen,
wie Gips, geformt von Händen,
an die sich niemand erinnert.

Und doch, so grausam er ist,
befreit dich der Kummer manchmal.

Vielleicht sind selbst die populärsten Ästhetiken
dafür bestimmt, sich mit der Zeit zu widersetzen.
Wert sickert durch Risse,
späht durch das Schlüsselloch
von Türen, die von der herrschenden Klasse verriegelt sind—
jene, die drinnen stehen wie ein Clan,
der bestimmt, was gesehen wird
und was vergessen bleibt.

Beachtenswert ist nicht
nur die Wunde persönlicher Zurückweisung—
es ist die breitere Vorwarnung.

Kultur findet immer ihren Weg zurück.
Selbst Rebellion wird verkauft,
umverpackt—
eine Revolution, stundenweise vermietet.

Aber es gibt eine andere Art:
leiser, schlichter.
Verdient.
Torkelnd durch den Sturm
ohne Applaus.
Das ist die, die bleibt.

Wir werden nicht die Ersten sein.
Die Straßen haben Geschichte.
Wir gehen neben Namen.
Wir werden zu dem, was schon war.

Doch verzage nicht—
selbst das Scheitern hinterlässt eine Geschichte.
Viele leben ihr ganzes Leben
ohne eine.

Aber du und ich—
wir haben unsere.

Und wenn du keine hast,
was ist dann der Sinn?

Vom Samen erschüttert

Sex ist kein Elixier.
Es ist ein Vernichter.
Große Männer verlieren Größe.
Starke Frauen ihren Willen.

Sex ist Eskapismus—
von wo auch immer wir waren.
Wir tragen das Gewicht des Seins,
nur um uns mit Lust abzulenken.

Keine Kraft löst den Traum vom Selbst auf
wie das Jagen nach Bestätigung durch Sex.
Der Maler schwört darauf.
Der Dichter verachtet es.
Der Buchhalter ist davon abhängig.

Es ist nicht die Seele, die wir berühren wollen—
sondern Fleisch.
Wir benutzen den Körper eines anderen, um unseren zu füllen,
reduzieren ihren auf Vergnügen,
reduzieren unseren auf Beweis.

Und was für ein Anblick.
Die rosafarbenen Blütenblätter einer Frau,
eine Reise in die Ewigkeit.
Der Joystick des Mannes vibriert nur,
innen und außen.

Wie traurig, ihn zu sein.
Wie traurig, menschlich zu sein.

Einst waren wir uneinnehmbar.
Aber wir können nicht ohne.
Der Instinkt.
Das Blut.
Die Hormone.
Ein Topf voll Gold.

Doch Gold ist für Narren.
Und so sind wir es für Sex.
Und doch—verdammt, es fühlt sich gut an.

Nicht wahr?

Die Verführung der Empfindung
zieht uns von unserem Mut weg.
Das letzte Refugium des Egos—
unsere Körper, entblößt, zum Greifen nah.

Selbst die Klügsten,
die Reichsten,
die Dümmsten—
alle fallen wir dem Rhythmus des Körpers zum Opfer.

Die Stimme spricht,
doch wir hören nicht zu.
Wir lassen sie einfach herein.
Wie das Elend eines anderen.

Bis wir kommen.
Unsere Gehirne—
vom Samen erschüttert.

Und dann Klarheit.
Wie zuvor.
Bevor wir kamen.
Vor dem Sex.
Jetzt ist es vorbei.

Bis wir unsicher werden,
es Geilheit nennen,
und eine weitere Runde drehen.

Denn wenn jemand uns ficken will—
muss es doch etwas bedeuten.
Das denken wir.
Das hoffen wir.

Aber es ist nur die Verschmelzung.
Hitze zwischen Körpern,
wartend auf den Knall.

Doch oft,
die wahre Explosion—
die, bei der du dich selbst überraschst—
verpasst du sie.

Weil du lieber verletzt wirst
und sehnst,
als standhältst
und erschaffst.

Aber mach dir nichts draus.
So enden die meisten.
Weit entfernt von dem, was sie einst anmachte,
und nur näher
bei jemandem,
der etwas Ähnliches
zurückließ.

Nur, um berührt zu werden.

Nichts ist so entscheidend wie die Gegenwart –
bis morgen kommt.

Redaktionelle Ödnis

Ein Buchstabe.
Ein Buchstabe—wiederholt.
Ein Wort.
Ein Wort—wiederholt.
Ein Satz.
Ein Satz—wiederholt.
Ein Absatz.
Ein Absatz—wiederholt.
Eine Seite.
Eine Seite—wiederholt.
Eine Geschichte.
Eine Geschichte—wiederholt.

Verschwendet.
Bis nichts mehr bleibt.

Ablehnung gibt Kraft,
um der Welt das Gegenteil zu beweisen.

Es bleibt

Vielleicht bin ich einer der letzten Abtrünnigen.

Ich mache die Arbeit.
Ich versuche, sie gut zu machen.
Ich sitze in meinem eigenen Schlamm der Verleugnung,
frage mich, ob ich habe, was es braucht,
während ich doch weiß,
wie leicht es wäre, aufzugeben.

Aber ich kann nicht aufgeben.
Ich kann nicht aufhören zu schreiben—
was, wenn der perfekte Satz da draußen ist?

Welches Leid ich dir nicht wünschen würde:
die Flut meiner Gedanken,
alt, wenn sie gehen,
doch irgendwie kommen immer neue.

Also schreibe ich unaufhörlich,
entsetzt, dass ich vergesse,
entsetzt, dass ich mich erinnere.

Das Pendel schwingt hin und her;
es wird nicht gut genug sein,
und doch gibt es mehr zu finden.

Die ganze Zeit
könnte ich mich abwenden.
Man sagt mir, es spielt keine Rolle.
„Warum überhaupt?"
„Was bekommst du davon?"

Mehr, als sie wissen.
Mehr, als ich je wissen werde.

Was auch immer klein wird, gehört uns,
selbst die schwächste Melodie ist edel.

Bewahre, was deins ist.
Bekämpfe den Drang.
Betäube dich nicht
und werde nicht der Spritzer
des Status quo.

Es gibt genug verschüttete Tinte auf der Welt.
Die meiste hat einen Ring geküsst.

Die, die keine Abtrünnigen sind—
trügerisch, sauer,
vom Griff der Kapitulation verschlungen.

Ihre Seelen verkauft.
Ich weiß nicht, wo man sie kauft.
Ich bekam nur eine geschenkt.
Kein Reichtum könnte sie nehmen.
Das Einzige, was ich sicher weiß:
sie wird im Grab sein.

Also geh weiter,
zeig, was du kannst.
Bau es so, dass es hält.
Tu es. Tu es trotzdem.

Kleine Details zermürben uns.
Bedeutung zählt mehr als Fehler.
Verlier dich nicht in Konditionierung.

Seltenheit ist kein Dasein.
Es ist, wie du dein Streben formst.

Vielleicht siehst du Selbsterkenntnis
als Gimmick,
eine Aufführung des Lebens,
wo Akademie, Metrik und Philosophie kollidieren,
so unbeholfen wie der erste Griff eines Kindes.

Na und.
Mach weiter.

Selbst wenn der Beweis da ist,
können andere sich weigern, ihn anzusehen.
Doch wenn der Abtrünnige ignoriert wird,
weiß er, dass es da ist.

Die Ekstase des Abtrünnigen ist einsam.
Beweis gegen das System,
das er zerbrach—
und an dem er zerbricht.

Halte an diesem Beweis fest.
Es ist das Einzige, was wir haben.
Egal, was du trägst,
du bist nicht das Problem,
es ist die Weigerung des Abtrünnigen.

Sogar Cowboys waren einst Helden—
Heilige, die nicht durch Lob großgezogen wurden.

Ein Weg, der viele Männer gebrochen hat,
eine Last, die zum Fluch wurde,
dann Schmerz,
dann Privileg.

Raue Unabhängigkeit
verraten von der Kultur, die sie gebar,
verachtet im Gedächtnis ihrer eigenen Schnürsenkel.

Und wir haben die Herrlichkeit des Strebens vergessen.
Denn ohne Streben
gibt es keinen Willen.
Und ohne Willen
keinen Schwanengesang.

Es bleibt.
Es wird bleiben.
Selbst für den letzten Abtrünnigen.

Sollen wir unsere Seele verkaufen,
nur um sie zurückzukaufen?

Wie man damit umgeht

Der Lauf des Fortschritts
stolpert über sich selbst,
weil Menschen nicht zuhören,
nicht lesen,
sich weigern, Anweisungen zu befolgen.

Aber sicher. Erfinde alles neu.
Mach es auf deine Weise.
Ignoriere die bewährten Richtungen.

Irgendeine weit hergeholte Methode,
zusammengestückelt,
weil sie dir Autorität verleiht—
eine Chance, die Regeln umzuschreiben,
ohne auch nur eine Spur von Erfahrung.

„Ich hab's nicht verstanden."
Natürlich nicht.
Nicht weil es unklar war—
sondern weil du nie hingesehen hast.

„Ich dachte, du meintest..."
Nein. Du dachtest gar nichts.
Du wolltest deinen Weg—
und ignoriertest, was längst feststand.

„So hätte ich's nicht gemacht."
Das Rad war längst gebaut—drück einfach.
Du solltest nur den Griff drehen,
nicht seine Drehung bewerten.

„Ich dachte, du wolltest Eigeninitiative."
Nein, ich wollte keine Rätsel.
Ich wollte Genauigkeit.
Ich wollte, dass die Arbeit erledigt wird.

„Ich mach's lieber auf meine Art. Du wirst's schon sehen."
Danke für das Chaos.
Danke, dass du fünfzehn Jahre Feinarbeit
Stein für Stein
ignoriert hast,

nur damit du so tun konntest, als sei deine Abkürzung clever.

Nein, deine Gefühle dürfen es nicht brechen.
Nein, deine Abkürzungen dürfen es nicht ausradieren.
Und nein—
nicht einmal KI kann dich retten.

Die Anweisungen waren nicht unklar.
Du warst es.

Nächstes Mal—
lies meine verdammten Anweisungen.

Ruhm

Erfolg	→	Zerst rung
Großer Durchbruch	→	Zerstörung
Durchhalten	→	Zerst ö rung
Fehler	→	Zer ö ung
Aufbauen	→	Ze ö ng
Suchen	→	Z ö g
Verfolgen	→	ö

*Dein öffentliches Gesicht
ist nicht deine private Priorität.*

Hingabe

Wir glauben, Hingabe
verschafft uns das Geschenk
von Anerkennung,
Wertschätzung
und Würde.

Also heiraten wir.
Wir bekommen Kinder.
Wir arbeiten zwanzig Jahre.
Und all das
verkaufen wir als Initiationsritus,
durch eine überhöhte Illusion von Bedeutung.

Doch wir brauchen nicht mehr vom Gewöhnlichen.
Wir brauchen keine Hingabe
an die Konventionen der Gesellschaft.
Nein.
Sie hatten genug
von unserer Zeit,
unserer Gnade,
unserer Seele.

Ein Friedhof schreit nach Mittelmaß—
und wir besuchen ihn immer wieder,
um uns daran zu erinnern,
dass wir nicht so schlecht sind wie sie.
Dass wir mehr erreicht haben.

Aber ist es wirklich mehr?
Oder nur eine Wiederholung,
immer und immer wieder—
gleiche Handlung,
gleiche Menschen—
nur andere Gesichter,
die sich vor der unvermeidlichen Reue der Gewöhnlichkeit
fürchten.

Ich sah einst einen Mann mit Potenzial.
Jetzt sehe ich eine Menge voller Mist.
Es ist Hingabe an die Norm, die uns verflucht hat,
wie ein Hund an die Leine gelegt in einem umzäunten Hof—

groß, wild,
frei,
doch gefangen in der Ecke,
wo Dreck sich mit Schlamm vermischt.

Der Hurensohn will einfach
ausbrechen.
Wie wir,
immer und immer wieder.
Wir würden alles tun,
um das Leben zu spüren,
das wir einst versprachen.

Scheiß auf sie,
wenn sie deine Loyalität anzweifeln.
Sie hat nie gezählt.
Das Grab
ist der stillste Ort für Kritiker.
Sie lebten nur,
solange sie uns überzeugten,
sie wären hingegeben.

Sie ist schrecklich – aber ich will mehr.

Fliegen ohne Federn

Menschen wollen gesehen werden,
doch die Massen zu beeinflussen bleibt ein fernes Konzept.
Sticht nicht eine echte Verbindung tiefer als jede Nadel?
Wenn eine kühle Brise die Härchen an deinem Arm hebt.
Ein Schauer, so roh, dass er Narben hinterlässt.
Ein Makel, so echt, dass du ihn küssen kannst.

Und wenn du diese Person findest,
verlangsamt sich das Chaos der Welt.
Die Blitze der Unzulänglichkeit verschwinden.
Himmel und Gesichter glühen vor Feuer,
und der Sinn zeigt sich selbst.

Unser Leben wird zu ihrem Zeugnis.
Sie schreiten durchs Leben,
sehnen sich danach, dass jemand ihre Größe erkennt.
Doch die Tiefe unserer Bindung bleibt ihnen ein Rätsel.

Ich fliege.
Für dich.
Ich fliege ohne Federn.

Lebendiger als Geburt

Nichts lebt,
wenn es aufgeräumt ist.

Die Schmieren auf unserem Gesicht
werden von Erwartungen weggewischt.
Und nachdem sie verschwunden sind,
werden wir zum Erwartbaren—
das Schablonenleben,
das die lebendige Natur dessen erstickt,
was hätte sein können.

Wir wollen nützlich sein,
also fügen wir uns.
Doch wir tauschen Verlangen—
und was wir einst wollten,
verschwindet.

Und in den zerfetzten Orten der Welt,
der Alkohol,
die Drogen,
die Sexarbeiter—
sie verzweifeln nicht.
Man mag es sagen,
doch sie leben im lebendigen Rausch
der Freiheit.
Von Zufall und Staunen.
Von Triumph und Ernüchterung.
Von Kürze und Glut.

Wie Lügner, die an ihre Pläne glauben—
weil sie oft scheitern,
doch hin und wieder
gelingt es.
Und wenn es gelingt,
ist es lebendiger als dein Moment der Geburt.
Denn selbst die Geburt war erwartet.

Doch die Chancen danach?
Dem Schicksal überlassen.

Das meiste im Leben muss nicht erklärt werden,
seine Beschreibung genügt unserer Begründung.
Also läuft das Getriebe des Lebens weiter,
eine Turbulenz, für die wir bluten.

Wo wir Neues lernen können.
Wo wir jemand Neues treffen können.
Wo wir uns in etwas Neues verwandeln können.

Für die Beobachter,
in den sicheren Orten, in denen du lebst—
es ist sicher dort.
Aber nur das.
Es wird nie mehr sein
als das, wofür es gebaut wurde.
Es ist dein letzter Ort,
dein Ende.

Es wird nichts anderes geben
außer dem Tod.
Und selbst der
wird
erwartet.

Lauf, du Wildfang, lauf.

Stahlhafer

Ohne Vulgarität—
wie könnte der gehorsame Mensch
sich vom Kompromiss abwenden,
um sich durch Widerspruch zu definieren?

Wenn der Ruin der Arbeiterklasse
zur spirituellen Rebellion wird,
erkennst du die grausamste Wahrheit—
Sicherheit tötet die Seele
lange bevor der Kampf es tut.

Sirup fließt seitwärts

Männer wachsen zu Göttern oder Ghulen heran.
Die Region spielt ihre Rolle bei dieser Entscheidung.

Manche kennen Orte, an denen Männer für ein paar Dollar
Paletten stapeln,
unter ihrem Atem fluchen
und nur über Dinge sprechen,
die sie mit ihren Händen reparieren können.

Andere lernen, Gebühren für mehr Dollar zu kassieren,
fluchen nur in Gedanken
und reden über nichts,
was nicht vom Mann behoben werden kann,
der Paletten kassiert.

Nur wenige von uns entfernen sich je vom Boden aus
Ruß, Zucker und Geist.
Dort findest du deinen Rhythmus zwischen Fließbändern
und Mitgefühl aus Erschöpfung.

Unbemerkt von uns
rechneten andere Kinder Statistiken,
bewegten sich durchs Leben in metrischer Kalibrierung.

Selbst wenn wir dieser Welt nahekommen,
können wir unseren Instinkt nicht abschütteln—
die Fähigkeit, Emotion zu messen.
Wir wissen, wie sich Wut durch einen Raum bewegt,
wie Stille sich zwischen Sätzen dehnt,
wie Liebe wie eine zuschlagende Tür klingen kann.

Das lässt einen Mann in neuen Umgebungen verloren zurück—
gezerrt zwischen Stabilität und Selbstsabotage,
gefangen an der Kreuzung von Konvention und Überzeugung.
Die meisten Männer drehen sich um und blicken zurück,
während andere einfach weitergehen.

Wir tragen dieses Gewicht freiwillig.

Eine Reibung zwischen Ordnung und Aufruhr,
zwischen Ehrgeiz und Zusammenbruch.
Es riecht nach U-Bahn-Dampf und Regen-Seide-Elogen,
nach Schweiß, der sich in Schlucke Syntax verwandelt.

Jede Zeile fühlt sich verdient an—
bezahlt mit der späten Miete der Einsamkeit.

Es gibt eine feine Linie
zwischen dem gequälten Genie
und dem gequälten gewöhnlichen Mann.
Beide zahlen Rechnungen,
wischen sich den Hintern ab
und hoffen verdammt nochmal, dass sie sich nicht umbringen.

Selten trägt ein Mann sowohl Sensibilität als auch Intensität—
aufgeschlagene Knöchel, verletztes Herz,
aber immer noch kämpfend.

Wir sind das Beste, das Schlechteste—
selbstgemacht, selbstheimgesucht, selbstbewusst.

Was du nicht siehst, ist unsere Angst:
das Streben nach etwas
immer knapp außer Reichweite—
Wahrheit, Bedeutung, vielleicht Erlösung.
Doch wir pochen in diesem Streben—
zu gleichen Teilen Rebellion und Erneuerung,
ungleiche Teile Verfall und Trotz.

Aber wir posieren verdammt nochmal nicht.

Wir verweigern dein Spiel.
Wir leben die Art von Leben,
über die die meisten Menschen noch so tun, als würden sie
schreiben.
Teil Outlaw. Teil Philosoph.

Wir bewegen uns durch die Welt
wie Männer, die allergisch gegen Erlaubnis sind,
gießen Ehrlichkeit in jede Entscheidung,
bis es genau richtig wehtut.

Und es fällt wie Ahornsirup—
seitwärts, tröpfelnd.
Nichts Bewundernswertes,
aber genug, um am Leben zu bleiben.

Und wenn du uns triffst,
fühlst du das auch—
den Rauch, das Gift, den Hunger, den Schmerz.

Beweis, dass deine Metriken nie viel bedeutet haben—
es gibt immer noch Männer, die das Leben nach dem messen,
was sie fühlen,
nicht nach dem, was sie verdienen.

Es ist keine Kunst. Es ist Überleben.
Das Chaos hat uns nie verlassen.
Wir haben nur gelernt, es zum Singen zu bringen.

Auf der Suche nach Wahrheit, nicht nach Leistung.
Auf der Suche nach Präsenz, nicht nach Applaus.

Pistole

Sogar Kugeln spannen sich an,
bevor sie durch einen Lauf jagen.

Eine Pistole gibt.
Eine Pistole nimmt.

Mach deinen Schuss.

Ein Hauch von Zerstörung
hat genau das richtige Maß an Störung.

Kuchen ohne Zuckerguss

Hören wir auf, anzugeben
mit dem, was wir gekauft,
was wir gesehen haben.
Was wir gegessen, was wir konsumiert haben.

Reden wir stattdessen darüber,
was du erschaffen hast,
geschrieben, gebaut—
über alles andere
als die Malware, die unser Leben diktiert,
ein kommerzielles Produkt,
ein Alibi für einen Algorithmus.

Wir schnupfen Informationen wie Kokain,
ein Rausch, aufgebaut auf Werbung,
gezieltem Marketing,
Neuauflagen von Wiederholungen—
ein hergestellter Prozess
falscher Überlegenheit.

Ein Basic Bitch,
ein Basic Bro,
eine graue Weste mit dem Logo einer Bank.
Khakis—verdammt nochmal Khakis.
Hosen wie Papiertüten
an mageren Beinen angesaugt.

Wann sind wir so langweilig geworden,
so vorhersehbar,
so arrogant gegenüber der Tatsache,
dass wir langweilig sind?

Raffinesse hat unsere Neugier verfault.
Zu sicher, zu vorsichtig,
zu müde, um sich zu kümmern.
Aber niemand ist sich dessen bewusst.

Eine Simulation für Follower,
die Anhänger von jetzt,
die Troubadoure der Gewöhnlichkeit.

Und auf ihrem Kuchen gibt es keinen Zuckerguss.
Es ist einfach Kuchen—
schwammig vielleicht,
feucht—nie,
so trocken.

Inszeniert, damit wir ihn bewundern.

Wenn es echt aussieht,
muss es echt schmecken.
Aber das tut es nicht.
Es ist das Nichts, für das wir leben.
Eine fehlerhafte Fälschung,
verschmiert über unseren Livestream.

Ich mache lieber meinen eigenen Kuchen,
von Grund auf—
und esse ihn ganz.

Würdest du nicht auch?

Dieses Land, Diese Bewegung

Durch die elektrischen Kabel des Zuges
entblößt sich Amerika.

Sümpfe mischen sich mit Schienen,
Arbeiter schlagen Bolzen,
blaue Kragenaugen vertiefen sich—beobachten,
wie Passagiere vorbeirauschen.

Es gibt eine ungewöhnliche Ruhe darin,
eine ferne Aussicht auf alltägliches Chaos.
Die Zeit verlangsamt sich,
während der Zug Bilder für uns einfängt.

Kompakte Autos sehen aus wie Marienkäfer,
Geländewagen kriechen wie Käfer.
Immer näher,
wir nähern uns—
bereit, sie zu zerquetschen.
Aber es passiert nie.

Die Überführung rettet sie wieder.

Fußballfelder. Kräne. Zugenagelte Wohnungen.
Verfallene Tankstellen. Von Trümmern übersäte Hinterhöfe.
Metall auf Schrottmetall,
Berge aus Sand,
Felder mit überwucherter Wildnis.
Und schau, ein Flugzeug.

An der nächsten Haltestelle sitzen Menschen auf Bänken—
Gespräche des Staunens:
„Ist das das richtige Gleis?"
„Habe ich den Zug verpasst?"
„Er ist wohl fünf Minuten zu spät."

Das Leben wartet.
Das Leben bewegt sich.
Das Leben passiert.

Und während ich fahre, beobachte ich
die alltägliche Routine, gesprenkelt wie Autos in einer
Tiefgarage—
dieselben hinein,
dieselben hinaus,
ein Stempel auf einem Ticket,
ein weiterer Tag vorbei.
Eine Erinnerung,
an das Glauben an morgen.

Und ich glaube.
Ich glaube an die endlose Landschaft, gebaut auf Tugend.
An den Gedanken, dass—wenn es nicht passiert ist—
es passieren könnte.
Und solange wir uns weiterbewegen,
könnte es passieren.

In der sehnsüchtigen Schönheit der Möglichkeit
glaube ich an all die da draußen.
Ich glaube an ihre Hoffnungen und Ängste.

Ich glaube, dieses Land ist unser Land.

Das Herz kann sich nicht davor schützen, berührt zu werden.

Murrendes Imperium

New York ist ein Biest,
aber es gehört uns, es zu reiten.

Eine Stadt der harten Übernahmen,
spuckt dir ins Auge,
überrumpelt dich, bis du zerrissen bist—
blutend, leer.

An der Grenze der Erschöpfung,
verlangst du immer noch nach mehr.

Die Straßen sind übersät
mit denen, die es nicht geschafft haben.
Werbetafeln schreien:
Dein Gesicht könnte darauf sein,
dein Name könnte gerufen werden.

Du.
Du kannst es hier schaffen.
Du kannst es überall schaffen.

Und wenn das nicht passt,
verpiss dich.

Denn New Yorker—
die Malocher,
die Beweger, die Schüttler,
die unermüdlichen Kämpfer im Streben—
sie wissen, die Stadt schläft
nur für die, die es geschafft haben.

Ich weiß, du bist wach.
Du weißt,
du kannst noch nicht schlafen.

Die Ausdauer des Baches
dauert so lange,
wie sein Traum fließt.

Kriecher der Nacht

Am Stadtrand,
von 2 Uhr bis 5 Uhr morgens,
kriecht die Nacht.

Manchmal gehe ich dann spazieren,
mache eine Pause von dem, was ich tue.
Ich weiß nie, warum ich so spät noch wach bin—
aber das ist nebensächlich.

Ich sehe sie.
Nicht die Verwöhnten,
die in Clubs ihr Geld verprassen,
Unruhe stiften.

Nein.
Ich meine die Kriecher der Nacht:
die Straßenfeger,
die Müllmänner,
die U-Bahn-Crews.

Eine eingeschworene Truppe,
verbunden durch Neonwesten,
Seife und Schaum,
modrigen Müll,
Laternen und müde Augen.

Die Kriecher halten die Stadt in Bewegung.
Kein Dank nötig.
Aber wenn ich gehe, versuche ich, ihre Blicke zu fangen.
Sie starren zurück, anfangs verlegen,
obwohl es nichts gibt, wofür man sich schämen müsste.
Wie Läufer, die aneinander vorbeiziehen,
nicke ich.

Die Straße dampft von dem, was sein könnte.
Dann erhebt sich der Morgen,
löscht ihre Arbeit aus,
während die Stadt vorgibt, autark zu sein.

Jeder geht seinem Tag nach.
Nichts zu danken.
Nichts zu sagen.

Alles läuft genauso wie gestern.
Genau so, wie die Kriecher es gemacht haben.
Genau so, wie die Nacht kriecht.

Sie ist der Wind,
unmöglich zu kontrollieren.

Burberry Goddess Eau de Parfum

Wenn du jemanden findest, der dich elend macht,
der dich schlaflos und wund hält,
und du trotzdem glücklicher bist als je zuvor,
dann weißt du, dass es selten ist.
Du weißt, es wird nicht ewig halten.
Aber du spielst trotzdem.

Denn du hast mit „ganz okay" gelebt—
und „ganz okay" ist der Tod.
Lieber schmerzen,
lieber sich auflösen,
als sich zufriedengeben.
Ich war nicht wütend,
dass sie mich ihre Wange an der U-Bahn hat küssen lassen—
ich war traurig.
Denn gestern waren es ihre Lippen.
Und ich hätte nie gedacht,
dass so etwas Dummes, so etwas Banales
so viel bedeuten könnte.

Kein Plan bereitet dich
auf das Ende vor,
auf die kleinsten Momente,
die am längsten bleiben.
Sie zum Zug zu begleiten,
ihre Wange zu küssen,
auf Wiedersehen zu sagen—
das war ein Privileg.

Ihre Stärke schwankte nie—
gebaut auf jeder Narbe,
wuchs sie aus jedem Scheitern.
Ich beneidete sie.
Sie war ein Fest,
die Art von Liebe, die dich zugrunde richtet.

Das Leben eines Mannes ist ruiniert ohne sie.
Das Leben eines Mannes ist ruiniert mit ihr.
Das Leben eines Mannes ist ruiniert durch Liebe.

Einst
träumte ich von Morgenroutinen mit Kaffee und Eiern,
von Spaziergängen mit dem Hund,
von Nachmittagen, die in winterliches Licht tauchten.
Einfache Blicke.
Noch einmal.
Und noch einmal.
Und noch einmal.

Aber das Herz bricht.
Dieses störrische Organ—
das dem Körper Leben schenkt,
bricht doch an seiner eigenen Leere zusammen.
Keine Logik erklärt es.
Keine Gewissheit rettet es.
Nichts ist garantiert.
Alles ist zu verlieren.
Sie verdient jemanden Großartigen.
Also muss ich großartig werden.

Selbst wenn ihr Geist noch verweilt,
hinterlässt ihr Duft Spuren auf einem Mann.

Ich werde mich an sie erinnern nach Burberry.

Sie tragen nichts zur Kultur bei.
Sie nippen daran und spucken dann Kritik aus.
Konsumismus, Korruption, billige Aufmerksamkeit –
das ist ihr Vermächtnis.

Das erste Mal der Unendlichkeit

Und wir verändern uns.
Es ist schwer zu akzeptieren—
nicht die Veränderung selbst,
sondern den Drang, mit ihr Schritt zu halten,
das Bedürfnis, an einer Identität festzuhalten.

Doch Identität erfindet sich neu.
Sie schwankt mit dem Klima,
mit Menschen,
mit dem Ort.

Wir sehnen uns nach Trost,
doch wir sind im Chaos verwurzelt—
verdammt durch die Tugend der Stadt,
hart wie Stein.

Manchmal wird Verlangen real,
und Verzweiflung sprengt den Moment—
mehr, als du ertragen kannst.
Der Schub der Emotion, zu lange gefangen—
ergossen,
übergelaufen,
erschreckt dich mit seiner Flut.

Du bist es nicht gewohnt.
Es gibt nichts zu tun.
Es ist das erste Mal—
bis zum nächsten Mal—
wenn du die Unendlichkeit berührst.

Buchstabensuppe

Anarchische Akte achten auf alles außer Anstand.

Berauschte Bäuche bewegen brodelnde Bühnenbilder.

Chaos küsst kalte Körper.

Doppelgänger dämmern, dehnen dunkle Dimensionen.

Exzentriker entblättern ewige Eitelkeit.

Flirrende Flausen fallen, während fantastische Formen falsche Fantasien füttern.

Giganten glotzen, graben goldene Gräber.

Hysterie heilt hohle Herzen.

Ignoranz inspiriert irre Ideen.

Jubel jagt jähe Jahreszeiten.

Kinder kauen knusprige Konventionen.

Leben lachen, liegen, lauschen.

Maden murmeln Melodien, während Menschen müde Masken malen.

Narren nähren nächtliche Nebel.

Orakel ordnen offene Ohnmacht.

Paradoxe Paare pressen pochende Pulsadern.

Quallen quieken quer durch quälende Quellen.

Reiche rotten rationale Regeln.

Schatten spielen sanft mit Sinn.

Träume tanzen taub durch tausend Täler.

Unschuld unterwandert unser Universum.

Verlorene Versprechen verflüchtigen verwehte Visionen.

Wunder wachsen, während Wunden warten.

Xylofone xingeln xenophile Xenonen.

Yaks Ypsilonische Yetis yellten.

Zungen zeichnen zärtliche Zikzaks ins Zeitlose.

All die kleinen Tricks, mit denen du versuchst, Geld zu sparen,
sind die Zeit, die du dafür aufwenden musst, nicht wert.

Bezahl.
Für.
Bequemlichkeit.

Ich stehe

Fäll mich.
Führ mich in die Irre.
Stolper mich, während ich gehe.
Ich werde stehen.

Jahre des Fokus.
Jahre des Strebens.
Jahre des Scheiterns.
Ich werde stehen.

In der Menge.
Außerhalb der Menge.
Allein in der Stille.
Ich werde stehen.

Gezweifelt.
An mir gezweifelt.
Irregeführt vom Zweifel.
Ich werde stehen.

So schwer, dass meine Beine mich verraten,
so ausgelaugt, dass mein Geist taub wird.
Ich flüstere—Ich kann nicht stehen.

Depressiv.
Entzogen.
Gedemütigt.
Besiegt.

Ich ducke mich, falle, fast verschwunden.
Aber ich erhebe mich.
Ich stehe.

Wieder aufbauen.
Wiederbeleben.
Erheben.

Ich muss stehen.
Nicht, weil sie es mir gesagt haben.
Nicht, weil ich so tue.
Sondern weil der Spiegel keine Wahl lässt.

Andere sagen setz dich.
Nein.
Ich stehe.

Weil ich es wage.
Weil das Leben mein eigenes ist.
Weil Sitzen nichts ist.

Ich stehe für mich.
Ich stehe für dich.
Ich stehe.

Den Narren begreifen

Menschen behaupten, sie wollen Autorität,
doch gib ihnen das Gewicht der Wahl,
und sie stützen sich auf die Erlaubnis anderer—
Software, Systeme
oder jene in Machtpositionen.

Verantwortung zu vernachlässigen
ist kein Verstand,
selbst wenn andere es Rückzug nennen.

Die meisten können nicht ertragen,
als Narr zu gelten.
Schuld erschreckt sie.
Sie weichen ihr aus
wie der Blitz dem Boden,
verlagern Fehler schneller als Gedanken,
und tun so, als wünschten sie,
sie hätten es nicht getan.

Doch innerlich—
sind sie erleichtert.
Erleichtert, sich der Absicht zu ergeben.
Erleichtert, unsichtbar zu bleiben.

In dieser Kapitulation
leben die meisten ohne Integrität,
verpassen die Chance,
etwas aus sich zu machen,
ganz aus purer Angst
vor ihrer eigenen Eitelkeit—
eine Phobie der Entblößung.

Die grausamste Feigheit.
Die Schwachen im Herzen,
die ihre eigene Erweckung fürchten.

Hast du Feuer im Herzen,
oder Rauch im Kopf?

Wir hinterließen keine Relikte

Kein Relikt wurde je nur für das bloße Dasein erinnert.
Wir sind zu Gimmicks und Kritikern geworden—konsumierend,
konsumierend, konsumierend.
Wir klammern uns an unsere Sichtweise,
verweilen im Raum zwischen dem,
was wir zu sein glauben,
und dem, was wir wirklich sind.

Wir wollen so verzweifelt, dass die Menschen uns zuhören—
dass sie sagen, wir hätten recht,
selbst wenn wir verwechseln,
was wir wirklich von uns selbst wollen.

Unsere Zurückhaltung ist keine Stärke.
Sie ist Gehorsam.
Und dafür—erwarten wir Belohnung.
Bleibt sie aus, suchen wir Rache—
für Gründe, die wir längst vergessen haben,
Gründe, die unser Selbstverständnis gestohlen haben.

Unsere Seele trifft auf das Preisschild, den Kommentar, das Like.
Wir werden verengte Versionen unserer selbst,
entschlossen leer an Feuchtigkeit.
Wir verfehlen, was wir für richtig hielten,
und vertrocknen in falscher Wichtigkeit—
empört darüber, dass das, was sein muss, richtig sei,
während wir doch nur in alte Theorien zurückfallen
und den Glanz der Wahrheit wiederholen.

Selbst Wahrheit kann einen Wirbel aus Fakten auslösen,
jeder kehrt zurück zum Wesentlichen—
nicht in Knechtschaft, sondern in angstvoller Erwartung.
Die Bruchstücke unseres Lebens ordnen sich in ein forciertes
Muster,
das Chaos verweigert.

Doch irgendeine Form von Chaos ist das, wofür wir leben müssen.

Wie sonst öffnen wir die Höhlen des Geistes
für etwas Neues, Frisches, Unentdecktes,
unverraten—unbekannt selbst den Fasern aus Blut, Adern,
und einem Herzen, das noch pumpt,
für was auch immer es braucht.

Und wir müssen nicht wissen, was das ist.
Wir müssen es nicht wissen.
Wir brauchen es nicht.

Wir brauchen nicht all das,
von dem wir hoffen, dass es spontan etwas bewirkt.

Alles, was wir brauchen, ist der Wille zu suchen—
nach mehr Wachstum,
nach mehr Erfahrung,
nach der unveränderlichen Freiheit sorgloser Wege,
die uns einst Hoffnung gaben—
nicht auf die Zukunft,
sondern auf das Jetzt.
Dann.
Und auf alles, was vor uns kam.

Mit einem stetigen Strom des Verlangens
können wir so weit gehen, dass wir dem Rest der Welt
unlebbar erscheinen.

Aber vielleicht ist genau das der Punkt.
So lebendig zu leben, dass wir kein Relikt hinterlassen—
nur Gerüchte.
Nicht zu verschwinden aus Scheitern,
sondern weil wir zu hell brannten, um archiviert zu werden.

Denn die Zukunft erinnert sich nicht an das, was bloß überlebt hat.
Sie erinnert sich nur an das, was es wagte zu sein.

Das Leben trocknet
so schnell wie Farbe an einer Wand
und bewegt sich
so langsam wie eine Rolltreppe.

Verwechselt mit einem Herzschlag

Es wirkt verdächtig,
jemanden zu treffen,
dessen Vergangenheit zu nah an deiner liegt.

Hochstapler drängen sich
in die rohe Verletzlichkeit der Seele,
durchzogen vom Rausch der Einheit.
Nichts fühlt sich stärker an.

Druckpunkte beißen
in wilder Entschlossenheit.
Ein flüchtiger Schrei
versengt den Geist.

Vom Wind gepeitschte Täuschung
weckt das Pochen der Einsamkeit—
bis die Welle bricht,
getrieben von einem aufgewühlten Geist,
verwechselt mit einem Herzschlag.

Eine lebende Tragödie,
wieder verschwunden—
zurück in die Einsamkeit.

Nie wieder.

Schreib wie die Hölle

Du schreibst besser,
wenn du aufhörst, dich selbst zu zensieren.

Also leb ein bisschen.
Studier das Leben.
Finde dein Tempo.
Verfeinere dein Handwerk.

Und wenn es sich nicht mehr nach Arbeit anfühlt,
dann sag einfach, was zum Teufel du willst.

Die brutale Trompete

Wenn die Schuld des Lebens ihre Saiten zupft,
spielen wir das Lied der Brutalität.
Keine andere Melodie genügt.

Unsere Filter klären sich;
die Trompete des Grolls erklingt.
Der Spatz des Streits singt.

Wir sind unzufrieden mit uns selbst.
Wir sind unzufrieden mit anderen.
Wir sind unzufrieden gemeinsam.

Und doch singen wir im Einklang—
eine Harmonie des Spottes,
ein Chor aus Flüstern hinter Rücken.

Denn nichts schmerzt mehr,
als dein eigenes Spiegelbild zu sehen—
und es unerträglich zu finden.

Junge Gesellschaft

Ich umgebe mich mit junger Gesellschaft,
um meine Zerbrechlichkeit zu vergessen.
Nicht das Altern selbst fürchte ich,
sondern die Spuren des Alters.
Ich habe Angst, zu vergessen,
wie sich Frische anfühlt.
Darum halte ich mich an junge Gesellschaft.

Sie sind nicht gelähmt von Unruhe.
In ihren Seelen lodert Ehrgeiz.
Sie wurden noch nicht genug enttäuscht,
um Schuld zu empfinden.
Es ist eine träge Gemeinschaft,
die leicht wie Wolken am Himmel schwebt—
neben dem lebhaften Blau,
weiße Schleier reiner Unschuld.

Ich gehe auf die Vierzig zu.
Mein Haar wird dünner.
Verdammt, bald werde ich es verlieren.
Mein Bauch wächst schneller,
Kater dauern länger als ein Tag—
doch das kümmert junge Gesellschaft nicht.

Sie machen Witze über mein Alter,
und selbst wenn ich wie der seltsame Typ wirke,
der endlich erwachsen werden sollte,
sehen sie den Unterschied.
Sie sehen ihn in meinen Augen—
den trotzigen Wahn eines Mannes, der weitergeht,
der sich weigert, sich von der Welt brechen zu lassen.

Wenn ich die Veränderung in ihren Augen sehe—
meistens, wenn man sie am wenigsten erwartet—
wenn das Aufgeben den Kampf überholt,
wenn die Heuler verstummen—
dann weiß ich, dass ich neue Gesellschaft brauche.
Ich kann anders nicht leben.
Ich kann nicht.

Ich werde immer bei den Jungen sein.
Ich lebe von ihrem Chaos.
Ich versuche, berechnender zu sein,
doch selbst mit all meiner Erfahrung
lasse ich mich mitreißen von ihrer Unordnung—
für die ihre Naivität sie entschuldigt.
Manchmal, selbst wenn ich weiß,
dass ich mich an die Regeln halten sollte,

täusche ich mich selbst—will wieder fühlen,
dieses unbesiegbare Gefühl.

Ich lasse mich glauben.
Sonst bliebe kaum etwas übrig.
Sonst wäre ich wie die, die zurückblicken,
die sagen, diese Zeiten seien vorbei.
Sentimental.
Du würdest nicht bei mir bleiben wollen, wenn das geschehen wäre.
Du würdest meine traurigsten Augen nicht ertragen.

Also halte ich fest.
Der Rausch des Entdeckens
wiegt schwerer als das Erreichen des Ziels.
Und darum finde ich mich wieder
in junger Gesellschaft.

Die Geschichte endet nie.

Hölle in ihrem Blut

Ich war schon lange nicht mehr verliebt.

Vielleicht ist all meine Liebe aufgebraucht.
Zu viele Frauen.
Ich bin nicht mehr so hingerissen wie früher—
als lüsterne Irrlichter in meinem Bauch brannten.

Meine Leidenschaft wirkt flüchtig jetzt—
älter als die Jahre, in denen ich sie noch weggeworfen hätte.
Ich vermisse diese Rücksichtslosigkeit.
Ich würde sie wiedergeben, wenn ich könnte.

Vielleicht bin ich in einer Zeit des Wartens.
Das Warten ist eine Last,
aber die einzige Möglichkeit, das Für und Wider abzuwägen.

Die Lücken zwischen den Momenten
werden zu Erinnerungen—
was ich einmal hatte,
was ich verlor,
was ich vielleicht wiederfinde.

Ich spiele immer noch herum.
Die jungen Frauen sind unbeschwert—
Hölle in ihrem Blut,
geiler als ein Teufel im Himmel.

Aber es erregt mich nicht mehr wie früher.
Vielleicht, weil ich schon weiß,
was mit der Zeit aus ihrer Ernte wird.

Anfangs sind sie wie Mais in der Hülse,
goldweiß, das sich zu Gelb verfärbt,
lebendig, strahlend.

Sobald man pflückt, schwindet die Energie.
Die Maiskörner werden braun,
spröde,
gelangweilt.

Dann werfe ich sie weg.
Ich will sie nicht mehr—
und sie mich auch nicht.

Also warte ich.
Die nächste Saison kommt,
ob ich will oder nicht.

Ich warte immer.

Eine Art Chaos

Der Sommer war träge.
Alles fühlte sich wieder gleich an.
Dann kam eine zufällige Begegnung.

Sie war jünger—
fünfzehn Jahre unter mir.
Aber ich war ein alter Fanghandschuh—
abgewetzt, rau,
bereit für den nächsten Wurf.

Ich brauchte es.
Sie brauchte es.
Wir wussten es nicht, bis wir es fühlten.

Ein stagnierender Geist
braucht manchmal einfach einen Aufrüttler.

Ohne das
ist das Hirn nur loses Kabelwerk—
Elektrizität, die auf eine Lampe wartet.

Immer auf der Suche nach etwas.
Immer auf der Suche nach einem Funken.

Die Last des Lebens fließt
in Strömen der Nostalgie.
Wenn also ein Funke kommt,
zerplatzt die Glühbirne—
es ist das Eisen in uns, das wir suchen,
nicht das Licht.

Wir brachen die Regeln.
Schrien danach
immer wieder.
Das ist der Schmerz der Lust.
Das ist der Rausch der Erlösung.
Das ist der Moment, der zerbricht.

Sex—wie Drogen—
gibt uns eine Identitätskrise.

Denn hin und wieder braucht man Chaos.
Körperliches Verlangen erinnert uns daran, dass wir Menschen sind.
Ein Geist, der gegen den Strom denkt—
zeigt uns, wer wir sind... oder nicht sind.
Und vielleicht heißt das,
dass wir jemand anderes sein können.

Denn wenn du dich nicht selbst nährst,
verhungerst du an
Entbehrung,
Verdrängung,
oder einen leblosen Penis.

Wir hungerten nicht.
Wir verteidigten uns nicht.
Wir taten es wieder.
Diesmal langsamer.

Der Schwanz, steif vor Konsequenz.
Ihr schluckreicher Schwanz, wie ein Delta.
Und der Felsen glitt
durch die Kaskade aus ihrem Sand.
Es war Seide—
ein Gleiten der Euphorie.
Und jeder von uns pochte
ein bisschen mehr,
ein bisschen heißer,
ein bisschen heller,
bis der Fels
zerbröckelte
zu
Schlamm.

Dann lagen wir da—
quer über die Ebene.
Wir waren wieder normal,
bis wir es überdachten.
Aber im Moment tun wir das nicht.
Warum ruinieren
eine Art Chaos?

Die meisten gehen, bevor sie sehen,
und wundern sich, warum sie stürzen.

Fotografie: Sasha Kay

Der Autor

Joseph Adam Lee ist ein franko-amerikanischer Dichter und Schriftsteller aus Lewiston, Maine, wo Fabrikrauch und Flusslicht ihm zum ersten Mal den Rhythmus der Poesie lehrten. Jede Zeile, die er schreibt, fühlt sich erlebt an, kompromisslos und elektrisiert von Selbstbefragung. Seine Arbeit steht als Porträt eines Mannes, der mit Bedeutung ringt — in einem Zeitalter der Inszenierung.

Er lebt in New York City.

Kontaktinformation

E-Mail: joe@therebelwithin.com
Webseite: www.josephadamlee.com
Instagram: @joseph.adam.lee

Briefe & Pakete

Red Fox Runs Press
C/O Joseph Adam Lee
909 3rd Avenue
#127
New York, New York 10150

www.ingramcontent.com/pod-product-compliance
Lightning Source LLC
LaVergne TN
LVHW091134080826
845145LV00008B/2152

* 9 7 8 1 9 4 6 6 7 3 6 3 3 *